我有一双天使的翅膀

伊甸园的秘密 ——追寻幸福的旅程

◇主 编/杨 晶

哈尔滨工业大学出版社
HARBIN INSTITUTE OF TECHNOLOGY PRESS

图书在版编目（CIP）数据

伊甸园的秘密：追寻幸福的旅程／杨晶主编. —哈尔滨：哈尔滨工业大学出版社，2014.6
（我有一双天使的翅膀）
ISBN 978-7-5603-4627-4

Ⅰ.①伊… Ⅱ.①杨… Ⅲ.①儿童故事–作品集–中国–当代 Ⅳ.①Ⅰ287.5

中国版本图书馆CIP数据核字（2014）第040875号

编者声明

本书的编选，参阅了一些报刊和著作。由于联系上的困难，我们与部分作者未能取得联系，谨致深深的歉意。敬请原作者见到本书后，及时与我们联系，以便我们按国家有关规定支付稿酬。

联系电话：0451-86417530

我有一双天使的翅膀

伊甸园的秘密——追寻幸福的旅程

策划编辑	甄淼淼
责任编辑	张 瑞 张鸿岩
插图绘制	孙 宇 刘美玲
封面设计	刘长友
出版发行	哈尔滨工业大学出版社
地　　址	哈尔滨市南岗区复华四道街10号
邮　　编	150006
网　　址	http://hitpress.hit.edu.cn
传　　真	0451-86414049
印　　刷	大庆日报社印刷厂
开　　本	720mm×980mm　1/16
印　　张	10
字　　数	112千字
版　　次	2014年6月第1版
印　　次	2014年6月第1次印刷
书　　号	ISBN 978-7-5603-4627-4
定　　价	26.80元

前言
Forewords

当春风吹红了桃花,花儿懂得了感谢;

当细雨滋润了大地,万物懂得了生命的开始;

当阳光照耀着笑脸,我们懂得了生活原来如此精彩……

我们倾注全心给小读者们奉上了本套《我有一双天使的翅膀》系列丛书(包括智慧、哲理、历史和童话等内容的小故事)和非注音版。

整套书文字浅显并配有精美图片,符合学生的阅读水平,所选取的皆为寓意深刻、富含哲理的小故事,堪称经典。此外,每一篇小故事都设有"名人名言"和"小故事大道理"等栏目,可以帮助小读者们更好地理解故事、感悟道理。

衷心希望小读者们能喜欢本套丛书,并且从中学到智慧、悟到哲理、知晓历史、品味读书的乐趣!

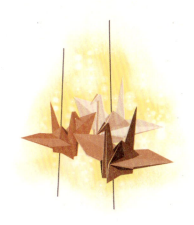

第一辑　抬头去欣赏星星

- 8　抬头去欣赏星星
- 11　国王的责任
- 13　自不量力
- 15　钢铁究竟是怎样炼成的
- 18　三只小猪
- 20　人外有人
- 23　另一种教育
- 25　等待失明的比尔
- 28　当行脚僧的鉴真
- 30　一把珍贵的雨伞
- 33　谁是聪明人，谁是傻子
- 35　善恶不辨的东郭先生
- 39　三个鞋匠
- 41　高难度乐谱
- 46　技不压身
- 48　背棉花的猴子
- 50　脱缰的马儿
- 52　飞走的金鸟
- 54　青蛙的故事
- 56　美丽的景色
- 58　驼背老翁的捕蝉妙法
- 60　天堂与地狱
- 62　座位需要主动去找
- 64　蝉的新生
- 66　会飞的兔子
- 68　与时间赛跑
- 70　你一定可以画好的
- 72　一切都是最好的安排

第二辑　座位需要主动去找

- 44　每件事都会有结果

第三辑　不要为卑微的东西祈祷

- 78　好学的华佗

81	鼹鼠的忠告	115	森林之王的转变
83	真正的炼金术	117	蜘蛛与蚕
85	梁国商人	119	医　术
87	栽到水里的博士	122	将赏罚置之度外
89	不要为卑微的东西祈祷	125	爱因斯坦的镜子
92	没有底的木桶	127	三个人爬山
94	得与失	129	长达半天的快乐
96	射箭和倒油的关系	132	被馈赠的机会
98	小黄鹂与新翅膀		

第五辑　微笑，并保持微笑

100	下一次更好
102	真正的人才不怕竞争
105	压力与动力

第四辑　被馈赠的机会

108	现在就出发	136	感谢羞辱
111	纸和纸篓	138	猴妈妈的财宝
113	乌鸦兄弟	140	放掉那条大鱼
		142	孔子学琴
		144	一步改变一生
		146	微笑，并保持微笑
		149	坚强地走向明天
		152	慈善的不是钱，是心
		155	瞎子的秘方
		157	我要去埃及

编者寄语

在成长的路上,每个人都会有不同的经历,这些经历构成了绚丽的人生。要珍视当下,因为现在的每一个点滴都是谱写美好未来的音符。

第一辑
抬头去欣赏星星

我们生活中一定不只有泥土,一定会有星星!自己为什么不抬头去寻找星星,去欣赏星星,去享受星光灿烂的美好世界呢?

抬头去欣赏星星
◇佚名

[真正之才智,是刚毅的志向。
——拿破仑]

在美国,一位叫塞尔玛的女士内心愁云密布,生活对于她而言已是一种煎熬。为什么会这样呢?因为她随丈夫从军。没想到部队驻扎在沙漠地带,住的是铁皮房,与周围的印第安人、墨西哥人语言不通;当地气温很高,在仙人掌的阴影下都高达40摄氏度;更糟的是,后来她丈夫奉命远征,只留下她孤身一人。因此她整天愁眉不展,度日如年。

怎么办呢?无奈中她只得写信给父母,希望可以回家。久盼的回信终于到了,但拆开一看,她大失所望。父母既没有安慰自己几句,也没有说叫她赶快回去。那封信里只是一张薄薄的信纸,上面也是短短的几行字。

这几行字写的是什么呢?

"两个人从监狱的铁窗往外看,一个看到的是地上的泥土,另一个却看到的是天上的星星。"

她一开始非常失望,还有几分生气,怎么父母回的是这样的一封信?但尽管如此,这几行字还是引起了她的兴趣,因为那毕竟是远在故乡的父母对女儿的一份关切。她反复看,反复琢磨,终于有一天,一道闪光从她的脑海里掠过。这闪光仿佛把眼前的黑暗完全照亮了,她惊喜异常,每天紧皱的眉头一下子舒展了开来。大家知道这是为什么吗?

原来在这短短的几行字里,她终于发现了自己的问题所在:她过去总习惯性地低头看,结果只看到了泥土。自己为什么不抬头看呢?抬头看,就能看到天上的星星!而我们生活中一定不只有泥土,一定会有星星!自己为什么不抬头去寻找星星,去欣赏星星,去享受星光灿烂的美好世界呢?

她这么想,也开始这么做了。她开始主动和印第安人、墨西哥人交朋友。结果使她十分惊喜,因为她发现他们都十分好客、热情,慢慢地他们都成了她的朋友,还送给她许多珍贵的陶器和纺织品做礼物;她研究沙漠的仙人掌,一边研究,一边做笔记,没想到仙人掌是那么的千姿百态,那样的使人沉醉着迷;她欣赏沙漠的日落日出,她感受沙漠的海市蜃楼,她享受着新生活给她带来的一切。没想到慢慢地她找到了星星,真的感受到星空的灿烂。她发现

一切都变了,变得使她每天都仿佛沐浴在春光之中,每天都仿佛置身于欢笑之间。后来她回美国后,根据自己这一段真实的内心历程写了一本书,叫《快乐的城堡》,引起了很大的轰动。

小故事大道理

　　每个人都会经受这样或那样的挫折,困难背后也一定会有着不良的情绪。适当进行情绪的控制和转移,会大大改善我们的生活状态。如果你的世界里充满阳光,那么你每一天的情绪都会是积极向上的;如果阴郁充斥着你的内心,只会让你消极地萎靡下去。当你沐浴在光亮之中的时候,你每天都会绽开笑颜。

国王的责任

◇佚名

[最穷的是无才，最贱的是无志。
——福楼拜]

很久以前，有一个国王带着自己的军队抵抗邻国的入侵，但经过多次奋战之后，他的军队溃散了，国王伪装成一个牧羊人逃进了森林。他走了很久，快要饿晕了，正当他绝望的时候，忽然看到眼前有一间伐木人的小屋，便去敲开了小屋的房门，开门的是伐木人的太太。

国王向她乞求一些食物，并请求留宿一夜。经过几天的逃亡，国王身上的衣服已经破烂不堪，因为他的外表太寒酸了，伐木人的太太并不知道他真正的身份。她对国王说："如果你能帮我看着这些放在炉子上的蛋糕，我就给你吃一顿晚饭，我要出去挤牛奶。小心看着蛋糕，在我出去的时候不要让蛋糕烤焦了。"

国王答应后靠着火炉坐了下来。他全神贯注地看着蛋糕，但没过多久，他的脑袋里就全是烦恼：怎样重整自己的军队，之后又怎样抵御敌人。他想得越多，就越觉得希望渺茫，甚至他开始觉得再

继续奋战下去也是没用的。

过了不久，伐木人的太太回来了，她看到满屋子都是烟，蛋糕变成了烧焦的脆片，而国王坐在火炉旁，出神地看着火焰，根本就没意识到蛋糕烤焦了。伐木人的太太生气地喊道："你这个没有用的家伙，看看你做的好事，你让我们都没有晚饭吃了！"国王从思考中回过神儿来，只是惭愧地低着头。刚好伐木人回来了，他认出了国王。他对太太说："你知道你骂的是谁吗？这是我们高贵的国王。"他的太太吓坏了，她跑到国王的身前跪下，乞求国王的原谅。

国王请她站了起来，说："你骂得没错，我说我会看好蛋糕，但却烤焦了，我被你骂是应该的。任何人要是接受了一个责任，不管责任大小都应该切实地去完成。这次我搞砸了，但不会有下次了，我要去完成我做国王的责任。"

那之后没几天，国王就重整他的军队，打败了敌人。

小故事大道理

每个人生来都是自由的，但同时也肩负着一定的责任。责任不分大小都需要有人去担当，甚至有时候责任更是一种义不容辞的义务，一旦选择了承受就必须切实地去完成。很多时候，责任感和使命感在一个有责任心的人的心里就是一种荣誉。

自不量力
◇佚名

[朝着一定的目标走去是"志",一鼓作气中途绝不停止是"气",两者合起来就是"志气",一切事业的成败都取决于此。
——卡耐基]

汤姆是一名水手,当汤姆他们在码头登陆的时候,当地的气温在阳光下是33摄氏度,而这些待在太平洋上的士兵数月以来不曾喝过一杯冷饮。

他们船上最后卸下的货物是重达数吨的罐装啤酒,这些啤酒已经付过钱了。突然之间,到处都是可以随便喝的啤酒!汤姆喝酒的欲望被激发了。他和室友们不想让这些酒坏掉,于是他们多次跑到码头取些回来。那天晚上,他们最后一次取酒的时候,夜已经很深了,在酒精的刺激下,整个码头还沉浸在军队官兵的欢呼声和尖叫声中。水手们发现一艘轮船的舱口盖已被绳子圈起,一场职业拳击赛刚刚结束,只有一个人站在拳击台上。原来,海军正在举行公开的比赛,以便选出整个岛上最佳的拳击手。最后站立着的斗

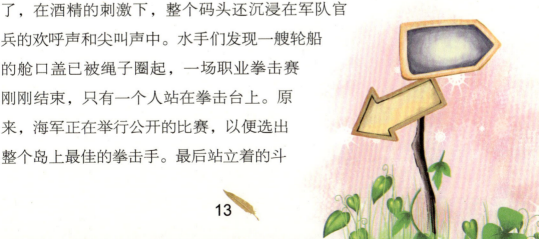

士将继续战斗，如果他打败了强大的舰队冠军，他将终生被推崇。这个意外的发现深深地打动了汤姆，而且，朋友们告诉他："汤姆，这正是你的宝贵机会。""你可以打败那个家伙的。站上去，打败他。"几乎每个人都这样给他鼓劲，甚至不认识他的观众也向他大喊："打败那个体重290磅的懦弱家伙！"

事实上，汤姆只有5.7英尺高，160磅，从来没有参加过拳击比赛。但在醉酒的情况下，他完全忘记这些事情了。或许这是赚钱的希望，或许这是成名的希望。谁不愿意抓住这个机会赌上一把呢？另一方面，或许是他喝了太多的免费啤酒的缘故，以至于别人酒醉后的劝说也可以使没有一天拳击经验的他相信自己能够赢得舰队的拳击冠军。他们几乎没有对汤姆怎么解释拳击的规则和程序。

汤姆脱掉衬衣，慢慢走进绳圈。只听到比赛铃声响起，当有人在他脸上打了一下的时候，汤姆转了个身，踉跄了几步。他仍然不能确定是谁在打自己，但是，从他在甲板上的位置来看，尽管只有一只眼可以看清楚，但他敢断定自己正面临着一个可怕的对手。汤姆转过身试图用他那只起作用的眼睛看清头顶的那个半裸身体的家伙，眼前的景象晃动着，就好像是有两三个拳击手站在他的头顶……

汤姆已经不记得剩下的一轮自己是怎样死里逃生的，后来他的朋友告诉他，是裁判的铃声救了他，让他免遭对手的一顿痛打。他差点血染对手那漂亮干净的手套！

小故事大道理

很多人都是这样，当受到别人的夸赞时就会飘飘然，还会不明所以地炫耀自己的能力。可是一旦戳破这层虚伪的面纱，所有不良的后果都会席卷而来，这就是自不量力的结果。

钢铁究竟是怎样炼成的 ◇歇斯里

> 立志,工作,成功,是人类活动的三大要素。
> ——巴斯德

《钢铁是怎样炼成的》是苏联作家奥斯特洛夫斯基用自己的鲜血、汗水和生命写出来的一本书。这本书里的英雄——保尔·柯察金,原型就是他自己。

奥斯特洛夫斯基14岁就参了军。在一次激烈的战斗中,他受了重伤,刚满16岁就退役了。伤愈后不久,他参加了青年突击队,负责抢修铁路。

当时粮食供应严重不足,大家常常吃不饱饭,生活十分艰苦。铁路快要修好的时候,奥斯特洛夫斯基得了严重的风湿病,腿关节肿起,只能勉强站直。可是他每天仍旧最早起床,和大家一起上班,直到染上伤寒,他才被迫离开工地。

病还没有养好,奥斯特洛夫斯基就跳到冰冷的河水里打捞国家的木材,结果木材被捞上来了,他的病情却加剧了。他的两条腿再也站不起来了。脊椎、关节、手臂这些地方时常剧烈疼痛。更可怕

的是，他的两只眼睛也逐渐看不见东西了。奥斯特洛夫斯基才18岁呀，可是他已经领到了残疾证书。生活对他的打击太大了！他反复地追问自己："我怎么办啊？怎么办啊？"

精神上和肉体上的双重痛苦整天折磨着他，奥斯特洛夫斯基面临着人生最大的挑战。他痛苦彷徨，差一点掉入绝望和愤怒的深渊。但是他挺过来了！他常常紧握拳头，紧咬牙关，命令自己：

"我的人生道路才刚刚开始，我要坚强！"

"把念头转到严肃的问题上去！不准去理睬肉体上的痛苦。"

"对病痛的屈服，意志的消沉，是一种可耻的懦弱！全无大丈夫气概！"

在病床上，他开始阅读大量的书籍，还参加函授大学学习。有

一天，他忽然想到自己可以干一件事情，那就是写作。他想："我的脑子还是百分之百健全的。我要为自己描绘一条出路——写作小说，把青年们怎样在战斗中锻炼成长的过程都写出来。"

"我要证明生命本身是有价值的！要用行动来充实生命！"

"我要取得进入生活的入场券！"

1930年10月，奥斯特洛夫斯基开始创作小说《钢铁是怎样炼成的》。这是一段艰难的日子。清晨，妻子上班前为他准备好一天所需的纸、笔等物品，好让他安静地写作。夜里，家家灯火熄灭，他仍在工作。这时他写字已十分困难，手臂只有到肘关节这一段能够活动。手臂一动，关节就一阵剧痛。有时他为了熬住疼痛就用嘴巴咬住铅笔，好几次都把铅笔咬断了，把嘴唇都咬出了血。后来，有个热情的青年利用业余时间主动来帮他做记录，由他口述，进行写作。

1934年，长篇小说《钢铁是怎样炼成的》上、下卷终于出版了，后来还被译成多种文字，在世界各地广为流传。青年们争相抢阅这本书，高声背诵书中的名言：

"人最宝贵的东西是生命，生命对我们来说只有一次。一个人的生命应当这样度过：当他回首往事的时候，不因虚度年华而悔恨，也不因碌碌无为而羞耻。"

小故事大道理

身残志坚，这是对奥斯特洛夫斯基一生最好的概括。是啊，哪个人的一生都不是一路绿灯的，不管经历了什么，都要勇敢地走下去。坚持，是人一生都应该追求的精神。只有你选择了坚持下去，成功的曙光才会照进你的世界。

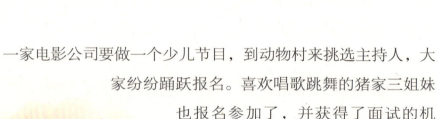

三只小猪 ◇佚名

[慷慨丈夫志，可以耀锋芒。
　　　　　——孟郊]

一家电影公司要做一个少儿节目，到动物村来挑选主持人，大家纷纷踊跃报名。喜欢唱歌跳舞的猪家三姐妹也报名参加了，并获得了面试的机会。

面试开始了。

首先是大姐，考官让它先摆几个"Pose"，这些动作都很简单，大姐轻易就过关了。接下来是跳舞，猪大姐在旋转的时候，不小心扭到了脚，一屁股坐在地上大哭起来。"哎哟！好疼啊！"它抱怨道，"从小到大我的命

就不好,真是命中注定的倒霉猪,我才不做什么主持人了,我要回家!"

猪大姐走后就轮到二姐了。它也同样很顺利地通过了前面的"关卡",到了跳舞的时候,猪二姐比大姐还要惨,整个身体都摔在了地上。"该死!我才不做这个鬼主持人!"猪二姐气鼓鼓地说,"乌鸦婆婆对我说,我今天有'大灾',果然是这样,看来我还是少出门为好。"

最后一个是猪小妹。它和两个姐姐的遭遇相同,不过,它摔倒后马上就爬了起来,忍着疼痛继续跳舞……就这样,不知摔倒了多少次,爬起了多少次,猪小妹终于跳完了舞蹈,而此时它已经浑身是伤了。"猪小妹,你的表现非常好!"考官高兴地说,"因为我们要做的是一档旅游节目,需要的就是你这样肯吃苦、肯坚持的主持人,你被录取了!"

从此,猪小妹成了旅游节目主持人,后来还做了大明星,而它的两个姐姐却还和以前一样,一心等待着命运的安排。

小故事大道理

幸福不会平白无故地降临到谁的头上,幸福的甘露是要靠自己去争取的。人生经历的挫败不足以磨灭一个人的意志,所以只要有可以改变自己的机会就一定要努力争取。不要像文中的小猪一样,稍稍有些不顺就彻底放弃。其实,成功就在你的身边,是想拥有还是远离那就看你的了。

人外有人 ◇佚名

> 目标越高,志向就越可贵。
> ——塞万提斯

  清代江苏镇江的毕沅(字秋帆)是一位有名的经学家、史学家、文学家,与司马光的《资治通鉴》相媲美的《续资治通鉴》就是他编纂的。

  乾隆三十八年(1773),毕秋帆任陕西巡抚。赴任的时候,经过一座古庙,毕秋帆进庙内休息。一个和尚坐在佛堂上念经,有人报说巡抚毕大人来了,这个老和尚既不起身,也不开口,只顾念经。毕秋帆当时只有四十出头,英年得志,自己又中过状元,名满天下,见老和尚这样傲慢,心里很不高兴。老和尚念完一卷经之后,离座起身,合掌施礼,说道:"老衲适才佛事未毕,有疏接待,望大人恕罪。"

  毕秋帆说:"佛家有三宝,老法师为三宝之一,何言疏慢?"

  随即,毕秋帆上坐,老和尚侧坐相陪。

  交谈中,毕秋帆问:"老法师诵的何经?"

  老和尚说:"《法华经》。"

毕秋帆说:"老法师一心向佛,摒除俗务,诵经不辍,这部《法华经》想来应该烂熟如泥,不知其中有多少'阿弥陀佛'?"老和尚听了,知道毕秋帆心中不满,有意出这道题难为他,他不慌不忙,从容地答道:"老衲资质鲁钝,随诵随忘。大人文曲星下凡,屡考屡中,一部《四书》想来也应该烂熟如泥,不知其中有多少'子曰'?"毕秋帆听了不觉大笑,对老和尚的回答极为赞赏。

献茶之后,老和尚陪毕秋帆观赏菩萨殿宇,来到一尊弥勒佛的佛像前,毕秋帆指着弥勒佛的大肚子对老和尚说:"你知道他这个大肚子里装的是什么吗?"

老和尚马上回答:"满腹经纶,人间乐事。"

毕秋帆不由连声称好,因而问他:"老法师如此捷才,取功名容易得很,为什么要抛却红尘,皈依三宝?"

老和尚回答说:"富贵如过眼烟云,怎么比得上西方一片净土!"

两人又一同来到罗汉殿,殿中十八尊罗汉各种表情,各种姿态,栩栩如生。毕秋帆指着一尊笑罗汉问老和尚:"他笑什么呢?"

老和尚回答说:"他笑天下可笑之人。"

毕秋帆一顿,又问:"天下哪些人可笑呢?"

老和尚说:"恃才傲物的人,可笑;

贪恋富贵的人，可笑；倚势凌人的人，可笑；钻营求宠的人，可笑；阿谀逢迎的人，可笑；不学无术的人，可笑；自作聪明的人，可笑……"

毕秋帆越听越不是滋味，连忙打断他的话，说道："老法师妙语连珠，针砭俗子，下官领教了。"说完深深一揖，便带领仆从离寺而去。

从此，毕秋帆再也不敢小看别人了。

小故事大道理

所谓"山外有山，人外有人"所言极是，不论什么都是没有止境、没有尽头的，学问更是如此。所以永远都不要轻视别人，你不知道他身上的哪一个发光点尤为夺目，更不知道是不是这个发光点足以置你于窘境。

另一种教育 ◇李付春

[诚实是人生的命脉，是一切价值的根基。
——德莱赛]

这是一个单亲男孩的故事。孩子的母亲早在15年前就走了。孩子的父亲可能不愿意再给孩子找个后妈，或许因为家里太穷找不到。父亲常年在外打工，只有农忙和春节才回家一趟，因为家里除了几亩薄田以外还有一位年迈且有眼疾的老母。这孩子就和他的奶奶一起生活。

现在这个男孩成了我的学生。这孩子的学习成绩一塌糊涂，据说他在家做错事的时候常常挨打，上课捣乱或者睡觉时，老师就让他罚站。当体罚成为家常便饭时，对他来说反而一点用处也没有了。他变本加厉，父亲留给奶奶的零用钱被他偷得一干二净。他有时还趁奶奶不注意，偷出家里的粮食去换成钱来挥霍。这是家访时他的邻居告诉我的。芒种节的前一天，他父亲外出打工回来收麦子，在省城下了火车，一溜小跑来到公共汽车站。可是，通往乡下的最后一班公共汽车已经开走了。而出租车、三轮车却围了上来，

最便宜的也要40元。他父亲想，这40元是在工地上两天的收入，能给母亲买两盒治眼疾的药或给儿子添置一套像样的衣服。为了省下这40元钱，他父亲步行50里路，走到家时已经是后半夜了。老母亲开门把儿子迎进屋里，接过儿子手里快搓烂了的香蕉，埋怨儿子不该买这么"贵重"的东西。他把香蕉递给母亲的时候说："这是我用今天的5元车费给您和孩子买的。"父亲的话，传到了孩子的耳朵里。这孩子没说什么，只是奶奶在递给他香蕉的时候，发现他的枕头是湿润的。按照惯例，这孩子知道家里在这个时候一定最"富裕"。他稍微用点"心"就一定会有"收获"，可以大方地出去请客了。可是他这次没有，"这是我用今天的5元车费给您和孩子买的"，父亲的话，不断地在他的脑际回响。

从此，这孩子变了，别人都说是孩子长大了。其实，孩子的成长不是靠棍棒下的教育，而是源于父亲半夜步行回家花5元钱带回的那把搓烂了的香蕉。

小故事大道理

孩子的心都是柔软的，当一种爱深深地触碰这个柔软的地方时，他的心就会给你回应。就像文中的这对父子，孩子的叛逆也许就是在告诉家长：我需要你们的关怀。当他得知父亲为了省些钱而走了几十里路的时候，他瞬间就长大了，并学会了感恩，学会了爱的回赠。

等待失明的比尔

◇刘海涛

> 人如果失去了诚实，也就失去了一切。
> ——黎里

比尔在一家汽车公司上班。很不幸，一次机器故障导致他的右眼被击伤。抢救后还是没有保住，医生摘除了他的右眼球。

比尔原本是一个十分乐观的人，但现在却变得沉默寡言，他害怕上街，因为总是有那么多人看他的眼睛。他的休假一次次被延长，妻子苔丝负担起了家庭的所有开支，而且她在晚上又兼了一个职，她很在乎这个家，她爱着自己的丈夫，想让全家过得和以前一模一样。苔丝认为丈夫心中的阴影总会消除的，这只是时间的问题。

但糟糕的是，比尔另一只眼睛的视力也受到了影响。比尔在一个阳光灿烂的早晨问妻子谁在院子里踢球时，苔丝惊讶地看着丈夫和正在踢球的儿子。在以前，儿子即使到更远的地方，他也能看到。

苔丝的泪流下来了。

其实，苔丝早就知道这种后果，只是她怕丈夫受不了打击，所以她要求医生不要告诉他。

比尔知道自己要失明后，反而镇静多了，连苔丝也感到奇怪。

苔丝知道比尔能见到光明的日子不多了，她想为丈夫留下点什么。她每天把自己和儿子打扮得漂漂亮亮，还经常去美容院。在比尔面前，不论她心里多么悲伤，她总是努力微笑。几个月后，比尔说："苔丝，我发现你新买的套裙变旧了！"苔丝说："是吗？"她奔到一个他看不到的角落，低声哭了。她那件套裙的颜色在太阳底下绚丽夺目。

苔丝想，还能为丈夫留下什么呢？

第二天，家里请来了一个油漆匠，苔丝想把家具和墙壁粉刷一遍，让比尔感觉这永远是一个新家。

油漆匠工作很认真，一边干活儿还一边吹口哨。干了一个星期，终于把所有的家具和墙壁刷好了，他也知道了比尔的情况。

油漆匠对比尔说："对不起，我干得很慢。"

比尔说："你天天那么开心，我也为此感到很高兴。"

算工钱的时候，油漆匠少算了一美元。

苔丝和比尔说："你少算了工钱。"

油漆匠说"我已经多拿了，一个等待失明的人还那么平静，这告诉了我什么叫勇气。"

但比尔却坚持要多给油漆匠一美元，比尔说："我也知道了原来残疾人也可以自食其力生活得很快乐。"因为油漆匠只有一只手。

小故事大道理

在人生的道路上一切都是未知的，每个人都会经历这样那样的挫折，关键是用怎样的心态去对待这些艰难坎坷。即使被荆棘刺痛，也要微笑着去面对，因为不是所有的荆棘都会刺到你。遇事宽容，生活才会变得轻松。

当行脚僧的鉴真 ◇佚名

> 诚实是最好的政策。
> ——富兰克林

鉴真大师刚到寺里出家时，寺里的住持让他做一个谁都不愿意做的行脚僧。

鉴真勤奋地做着住持交给他的工作，一做就是两年。他每天如此，从来没有一次让住持对他的工作觉得不满。可是他一直想不明白：为什么别人都在做着很轻松的活儿，而自己却一直做寺里最苦最累的工作，而且一做就是两年这么长的时间？

一直以来，他都不能接受，他认为自己很委屈，觉得住持分配得一点都不公平。有一天，已是日上三竿了，鉴真依旧大睡不起。住持很奇怪，推开鉴真的房门，只见床边堆了一大堆破破烂烂的瓦鞋。住持很奇怪，于是叫醒鉴真问："你今天不外出化缘，堆这么一堆破瓦鞋干什么？"

鉴真打了个哈欠说："别人一年都穿不破一双瓦鞋，我刚剃度两年多，就穿烂了这么多。"

住持一听就明白了，微微一笑说："昨天夜里刚下了一场雨，你随我到寺前的路上走走吧！"

寺前是一座黄土坡，由于刚下过雨，路面泥泞不堪。

住持拍着鉴真的肩膀说："你是愿意做一天和尚撞一天钟，还是想做一个能光大佛法的名僧？"

鉴真回答说："当然想做光大佛法的名僧。"

住持捻须一笑，接着问："你昨天是否在这条路上走过？"

鉴真说："当然。"住持问："你能找到自己的脚印吗？"鉴真十分不解地说："我每天走的路都是又多又硬，哪里能找到自己的脚印？"

住持又笑笑说："今天再在这条路上走一趟，你能找到你的脚印吗？"

鉴真说："当然能了。"

住持笑着没有再说话，只是看着鉴真。鉴真愣了一下，然后马上明白了住持的教诲，开悟了。

小故事大道理

做任何事都要一步一个脚印，踏踏实实地完成。急功近利的想法不要太强，把它当成一种鼓励固然是一件好事，只是浮躁的思想太过强烈就会与你的想法背道而驰，岂不是得不偿失！

一把珍贵的雨伞 ◇佚名

[志不强者智不达，言不信者行不果。
　　　　　　　　　　——墨翟]

清朝的时候，有一个商人在外面做生意，半生操劳，终于事业有成，攒下了一笔丰厚的财产，便准备回家与妻儿团聚，安度晚年。可当时天下不太平，路上常有劫匪。如果带着沉甸甸的包裹上路，一不小心被歹人盯上，不但钱财付诸东流，而且还会招来杀身之祸。

想了很久，商人终于想出了一个妙计。他把所有的钱全部拿来买了珠宝玉器，然后特制了一把竹柄油纸伞，将粗大的竹柄关节全部打通，把珠宝玉器全部放进去。他穿着一身灰布衣衫，一双布底鞋，提着个简简单单的包袱，形态潦倒地上路了。

果然是好计谋！一路上，无人打扰，眼看就要到家了。这天下起了小雨，他来到一个小面馆，吃饱之后在座位上打了一个小盹儿，醒来时，猛然发现油纸伞已不见踪迹，他打了个冷战，这伞是他的身家性命啊！但商人很快就镇定下来了，他发现手里的小包袱完好无损，认定是有人只顾自己方便，顺手牵羊取走了自己的雨伞。

沉吟片刻,商人有了主意。他不露声色地在集市旁边租了个房子,以修伞度日。他待人和气,心灵手巧,人们都愿意把伞给他修理。他每天每时每刻都在等待那把油纸伞的出现,可每天都在失望中度过。

大半年过去了,商人等候的那把雨伞始终没有出现。直到某一天,他去买米时,无意中听到米店老板和伙计的交谈:"那把伞就不要拿去修了,一把伞值不了几个钱,那么破了,还不如再加点钱,买把新的。"于是商人又想,他那把伞太破了,也许破得不能再修,拿伞的人早就不用了。商人又想了一个好主意。

第二天,过往的行人看到了一条新鲜的广告:油纸伞以旧换新。人们纷纷来询问,得到肯定答复后,消息立即传开了。不久,来了一个中年妇女,手里拿的正是商人魂牵梦萦的那把油纸伞。商人不动声色地收下了那把伞,犀利的眼光一扫,看到伞柄封口处完好无损,转身从店里挑了一把最好的伞给了那人,然后徐徐关上了

店门。打开伞柄,商人看到了全部的珠宝玉器,他瘫倒在地,半天无语。

当天夜里,商人就悄悄地离开了。

小故事大道理

运筹帷幄是一种策略。很多时候我们都会很急切地想要完成一件事情,其实在我们这样想、这样做的时候,就等于把成功的几率降低了50%。就像勾践卧薪尝胆,历时久远,如果没有这种酝酿,就很难有"吞吴"的气势,更难以成功。

谁是聪明人，谁是傻子
◇佚名

[莫等闲，白了少年头，空悲切。
——岳飞]

聪明人和傻子一起去淘金。回来的时候，他们各自带上自己淘到的金子和一皮囊水。在沙漠里，水是非常宝贵的，所以他们每次只喝一小口。

聪明人看傻子渴得难受，觉得是一个好机会，便灵机一动，说道："我愿意给你喝一口水，只要你给我一两金子。"

傻子想都没想，点点头说："好的！"

过了一会儿，傻子又问道："能再给我喝一口吗？"

聪明人爽快地说："可以，不过这次得给我二两金子。"

傻子说："好吧。"

就这样，聪明人只是少喝了一些水，却换来了傻子的全部金子。

聪明人背着越来越沉的金子，心里美滋滋的，这可比去淘金划算得多了，既不用花很多时间，又不用累死累活的，真是一条发财的捷径！傻子却不以为然，他说现在倒乐得一身轻松，也是乐呵呵的。

聪明人暗暗地想:"真是个傻子。"

眼看就要走出沙漠了,可聪明人再也忍受不住饥渴的折磨,昏倒在地。

傻子给了他一小口水,他才悠悠醒来。

聪明人有气无力地对傻子说:"我愿意用一两金子换你一口水喝。"

傻子摇了摇自己的皮囊,又摇了摇头。

聪明人不甘心,世上哪有不见财眼开的人?便又说道:"二两金子换一口水,行了吧?"

傻子还是摇了摇头。

聪明人急了,用嘶哑的声音说:"我用全部金子换你一口水,总可以了吧?"

傻子仍然摇了摇头。

聪明人哀求道:"兄弟呀,你总不能见死不救吧?"

傻子指着前面说:"你看。"

聪明人抬头看去,不远处,就是一条蓝蓝的河。

聪明人挣扎着爬了几步,无奈地说:"现在,我只要一口活命的水。"

傻子把皮囊递给聪明人,摇着头说:"已经没有水了。"

小故事大道理

聪明和傻的定义都不是绝对的。永远都不要小看别人,而要时常地审视自己。

善恶不辨的东郭先生 ◇佚名

[每一个成功者都有一个开始。勇于开始，才能找到成功的路。
——佚名]

晋国大夫赵简子率领众随从到中山去打猎，途中遇见一只像人一样直立的狼，恶狼狂叫着挡住了去路。赵简子立即拉弓搭箭，只听得弦响狼嚎，飞箭射穿了狼的前腿。那狼中箭不死，落荒而逃，使赵简子非常恼怒。他驾起猎车穷追不舍，车马扬起的尘土遮天蔽日。

这时候，东郭先生正站在驮着一大袋书的毛驴旁边向四处张望。原来，他前往中山国求官，走到这里迷了路。正当他面对岔路犹豫不决的时候，突然窜出了一只狼。那狼哀怜地对他说："现在我遇难了，请赶快把我藏进你的那条口袋里吧！如果我能够活命，今后一定会报答您的。"

东郭先生看着赵简子的人马卷起的尘烟越来越近，惶恐地说："我若救你，岂不是要触怒权贵？然而墨家兼爱的宗旨又不容我见死不救，那么你就躲进口袋里吧！"说着他便拿出书简，腾空口袋，让狼钻进去。他既怕狼的脚爪踩到狼颔下的垂肉，又怕狼的身

子压住了狼的尾巴,装来装去都没有成功。危急之下,狼蜷曲起身躯,把头低弯到尾巴上,恳求东郭先生先绑好四只脚再装。这一次很顺利。东郭先生把装狼的袋子扛到驴背上后就退到路旁去了。

不一会儿,赵简子来到东郭先生跟前,但是没有从他那里打听到狼的去向,因此愤怒地斩断了车辕,并威胁说:"谁敢知情不报,下场就跟这车辕一样!"

东郭先生匍匐在地上说:"虽说我是个蠢人,但还认得狼。人常说岔道多了连驯服的羊也会走失。而这中山的岔道把我都搞迷了路,更何况一只不驯的狼呢?"

赵简子听了这话,调转车头就走了。

当人唤马嘶的声音远去之后,狼在口袋里说:"多谢先生救了我。请放我出来,受我一拜吧!"

可是，狼刚一出袋子，却改口说："刚才亏你救我，使我大难不死。现在我饿得要死，你为什么不把身躯送给我吃，将我救到底呢？"

说着，它就张牙舞爪地向东郭先生扑来。东郭先生慌忙躲闪，围着毛驴兜圈子，与狼周旋起来。

太阳快下山的时候，东郭先生怕天黑会更危险，于是对狼说："我们还是按民间的规矩办吧！如果有三位老人说你应该吃我，我就让你吃。"

狼高兴地答应了。但前面没有行人，于是狼逼他去问杏树。老杏树说："种树人只费一颗杏核种我，二十年来他一家人吃我的果实，卖我的果实，享够了财利。尽管我贡献很大，到老了，却要被他卖到木匠铺换钱。你对狼恩德不重，它为什么不能吃你呢？"

狼正要扑向东郭先生，这时正好又看见了一头母牛，于是狼又逼东郭先生去问牛。那牛说："当初我被老农用一把刀换回。他用我拉车帮套，犁田耕地，养活了全家人。现在我老了，他却想杀我，从我的皮肉筋骨中获利。你对狼恩德不重，它为什么不能吃你呢？"

狼听了又嚣张起来。

就在这时，来了一位拄着藜杖的老人。东郭先生急忙请老人主持公道。

老人听了事情的经过，叹息地用藜杖敲着狼说："你不是知道虎狼也讲父子之情吗？为什么还背叛对你有恩德的人呢？"

狼狡辩地说："他用绳子捆绑我的手脚，用诗书压住我的身躯，分明是想把我闷死在不透气的口袋里，我为什么不能吃掉这种人呢？"

老人说:"你们各说各的理,我难以裁决。俗话说'眼见为实'。如果你能让东郭先生再把你往口袋里装一次,我就可以依据他谋害你的事实为你作证,这样你岂不有了吃他的充分理由?"

狼高兴地听从了老人的劝说。然而,它却没有想到,在它束手就缚、落入袋中之后,等待它的是老人和东郭先生的利剑。

小故事大道理

乐于助人是一种美德,但不是所有的求助都应该接受。对一些别有用心的人我们要保持警惕,更不能助纣为虐,好心办坏事,否则最后倒霉的人就是我们自己。

三个鞋匠

◇佚名

> 未遭拒绝的成功绝不会长久。
> ——佚名

  在苏格兰的一个小镇上，一位年迈的鞋匠决定把补鞋这门本事传给三个年轻人。在老鞋匠的悉心教导下，三个年轻人进步很快。当他们学艺已精，准备去闯荡时，老鞋匠只嘱咐了一句："千万记住，补鞋底只能用四颗钉子。"

  三个年轻人似懂非懂地点了点头，踏上了旅途。

  过了数月，三个年轻人来到了一座大城市，各自安家落户，从此，这座城市就有了三个年轻的鞋匠。同一行业必然会有竞争，但由于三个年轻人的技艺都不相上下，日子也就风平浪静地过着。过了些日子后，第一个鞋匠就对老鞋匠那句话感到了苦恼。因为他每次用四颗钉子总不能使鞋底完全修复，可师命不敢违，于是他整天冥思苦想，但无论怎样想他都认为办不到。终于，他不能解脱烦恼，只好扛着锄头回家种田去了。

  第二个鞋匠也为四颗钉子苦恼过，可他发现，用四颗钉子补好

鞋底后，坏鞋的人总要来第二次才能修好，结果来修鞋的人总要付出双倍的钱。第二个鞋匠为此暗喜着，他自认为懂得了老鞋匠最后一句话的真谛。

第三个鞋匠也同样发现了这个秘密，在苦恼过后他发现，其实只要多钉一颗钉子就能一次把鞋补好。第三个鞋匠想了一夜，终于决定加上那一颗钉子，他认为这样能节省顾客的时间和金钱，更重要的是他自己也会安心。

又过了数月，人们渐渐发现了两个鞋匠的不同：第二个鞋匠的铺面里越来越冷清，而去第三个鞋匠那儿补鞋的人越来越多。最终，第二个鞋匠铺也关门了。

日子就这样持续下去，第三个鞋匠依然和从前一样兢兢业业地为这个城市的居民服务。当他渐渐变老时，他开始真正懂得了老鞋匠那句嘱咐的含义：要创新，而且不能有贪念，否则必会被社会所淘汰。

再过了几年，鞋匠的确老了，这时又有几个年轻人来学这门手艺，当他们学艺将成时，鞋匠也同样向他们嘱咐了那句话："千万记住，补鞋底只能用四颗钉子。"

小故事大道理

如果我们可以用发现的眼睛窥探这个世界，用创新的思维感知这个世界，那么一切都会大有不同。只有在不失去原有的文化形态的基础上进行创造，文明的车轮才会滚滚向前。

高难度乐谱 ◇佚名

> 世界会向那些有目标和远见的人让路。
> ——佚名

威斯是音乐系的一名学生。这一天，他走进练习室，在钢琴上，摆着一份全新的乐谱。

"超高难度……"威斯翻动着乐谱，喃喃自语，感觉自己对弹奏钢琴的信心似乎跌到了谷底。已经三个月了，自从跟了这位新的指导教授之后，不知道为什么教授要以这种方式整人。威斯勉强打起精神，他开始用手指奋战、奋战、奋战……琴音盖住了练习室外教授走来的脚步声。指导教授是个极有名的钢琴大师。授课第一天，他给自己的新学

生一份乐谱。"试试看吧！"他说。乐谱难度颇高，威斯弹得生涩僵滞，错误百出。"还不熟，回去好好练习！"教授在下课时，这样叮嘱学生。威斯练了一个星期，第二周上课时正准备让教授测试。没想到，教授又给了他一份难度更高的乐谱，"试试看吧！"上星期的课，教授提也没提。威斯再次挣扎于更高难度的技巧挑战。

第三周，更难的乐谱又出现了。同样的情形持续着，威斯每次在课堂上都会被一份新的乐谱所困扰，然后把它带回去练习，接着再回到课堂上，重新面临两倍难度的乐谱，却怎么都追不上进度，一点也没有因为上周的练习而有轻车熟路的感觉。威斯感到越来越沮丧和气馁。

教授走进练习室。威斯再也忍不住了，他必须向钢琴大师提出这几个月来自己承受的巨大压力。教授没开口，他抽出了最早的那份乐谱，交给威斯。"弹弹看！"他以坚定的目光望着学生。

这时，不可思议的事情发生了，连威斯自己都惊讶万分，他居然可以将这首曲子弹奏得如此美妙，如此精湛！教授又让威斯试了第二堂课的乐谱，他依然呈现超高水准的表现……演奏结束，威斯怔怔地看着老师，说不出话来。

"如果，我任由你表现最擅长的部分，可能你还在练习最早的那份乐谱，就不会有现在这样的程度……"钢琴大师缓缓地说。

小故事大道理

学习和练习钢琴一样，如果反复练习自己擅长的部分，就会在求知的路途中原地踏步。学习是一种挑战，只有不断征服新的领域，才会让自己的学业长足进步。

第二辑
座位需要主动去找

> 与生活中一些安于现状不思进取害怕失败的人,永远只能滞留在没有成功的起点上一样,这些不愿主动找座位的乘客大多只能在上车时最初的落脚之处一直站到下车。

每件事都会有结果 ◇苇苗

[外在压力增加时，就应增强内在的动力。
　　　　　　　　——佚名]

多年前，一个年轻人在营销策划公司工作。一天，他的一位朋友找到他，说自己的公司想做一个小规模的调查。朋友希望年轻人出面，把业务接下来，然后朋友自己去运作，最后的调查报告由年轻人把关。当然，朋友会给年轻人一笔费用。那的确是一项很小的业务，没什么大的问题。市场调查报告出来后，年轻人很明显地看出其中的水分，但他只是做了些文字加工和改动，就把它交了上去。

事情就这样过去了。

几年后的一天，年轻人与别人组成一个项目小组，一起去完成北京新开业的一家大型商场的整体营销方案。不料，对方的业务主管明确提出，对年轻人的印象不好，要求换人。原来，该主管正是当年市场调查项目的那个委托人。

也许，年轻人只是偶然地遇到这两件事，从而失去自己的机会。但这种偶然性当中其实也包含了必然性，因为越是从微不足道的小事上，越能看出一个人的本质来。一个对自己的事情敷衍塞责的人，怎么可能是认真、敬业的人呢？这样的人，怎么能够赢得别人的信任与赏识呢？年轻人最初的草率，已注定了他日后将丧失良机。反之，一个人若是对自己所做的每一件事都竭尽全力，那他必定会为自己赢得越来越多的机遇。

1903年，帕特·奥布瑞恩在纽约参加一出名为《向上，向上》的话剧演出，其中有一段是帕特与两个怒气冲冲的人争执不休的表演。

由于这出话剧的反响不够理想，剧团后来移到一家小剧院去演出，演员的薪水也削减了，他们的前途一片黯淡。然而，多年的教育，使得帕特养成了"凡事尽力而为"的习惯，因此每一次演出，他的整个身心都融化在角色中，从场上下来时总是满身大汗。

八个月后的一天，帕特接到一个电话，邀请他参加电影《扉页》的拍摄。原来，《扉页》的导演刘易斯·米尔斯顿偶然间看到了《向上，向上》中帕特在桌边与人争吵的那一幕，这给他留下了深刻的印象。于是，他推荐帕特在《扉页》里的一场戏中扮演一个角色。

这是帕特·奥布瑞恩银幕生涯的起点。日后，他成了非常著名的电影明星。

小故事大道理

凡事有因必有果，反之这种逻辑也成立。不管多大的事都会事出有因，不要小看一件小事的力量，很多时候不经意的一件小事或许就是万恶之源，正所谓"勿以恶小而为之，勿以善小而不为"，就是这个道理。

技不压身

◇佚名

> 凡事要三思，但比三思更重要的是三思而行。
> ——佚名

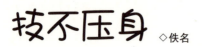

公孙龙是个有学问的人，他手下有不少弟子，个个都身怀技艺，各有一套本领。公孙龙在赵国的时候，曾对他的弟子们说："我喜欢有学识、有本领的人，没有本领的人，我是不愿和他在一起的。"

有个人听说公孙龙很有学问，便前来求见，要求公孙龙收他做弟子。公孙龙见那人相貌平平，粗布衣帽，便问："我不结交没有本领的人，不知你有什么本领？"

那人说："大的本事我没有，只是我有一副好嗓门，我能喊出很大的声音，使离得很远的人也能听得到。一般没有人能像我一样。"

公孙龙回头问他的弟子们："你们中间有没有喊声很大的人？"

弟子们争相回答说："我们都能。"说着还用眼睛斜瞟着那个前来求见的人，显出一种不屑的眼神。

那人说："我喊出的大声，非常人可比。"

公孙龙很有兴趣地说："那你们比试比试。"于是弟子们推选了他们之中声音最大的一个作为代表，与那人一起走到500步开外的一座小丘背后，向公孙龙这边喊话。结果，除了那个人的声音外听不见弟子的半点声响。于是公孙龙把那人收留下来。可是，弟子们依然不免暗暗发笑，喊声大又算什么本领，喊声大派得上什么用场呢？老师是斯文人，难道要找个一天到晚替自己吵架、吼叫的人吗？弟子们都不以为然。

过了不久，公孙龙到燕国去见燕王，他带着弟子们上路了。走了一段，不料碰到一条很宽的大河。可是河的这一边见不到船，远远望那河对岸，却停着一只小船，艄公蹲在船尾正无事可干。

公孙龙马上吩咐那个刚收留的大嗓门弟子去喊船。那弟子双手合成喇叭状，放开嗓子大喊一声："喂——要船啦——"喊声亮如洪钟，直达对岸，那对岸船上的艄公站起身来，喊声的余音还在河两岸回响，以致慢慢传到很远很远的地方。

对岸那只船很快摇了过来，公孙龙一行人上了船，原先那些不以为然的弟子深深佩服老师及那位新来的朋友。

小故事大道理

人的一生会经历很多事情，每件事情都要有解决的办法，你永远都不知道你身上的哪些技艺会发挥它的作用，所谓"技多不压身"。我们要在精力旺盛的时候，多积累一些有用的知识，这样我们既能给自己提供方便，也会从中获得快乐。

背棉花的猴子

◇佚名

> 成功的信念在人脑中的作用就如闹钟，会在你需要时将你唤醒。
>
> ——佚名

两只猴子在山里玩耍，发现了两大包棉花，喜出望外："今天运气真好，冬天可以有新棉被了！"

两只猴子背着棉花，有说有笑地朝山下走去。走着走着，它们看到了一个大口袋，哈！里面竟是上等丝绸，足足有十多匹呢！

"兄弟，咱们把棉花丢下，背丝绸回家吧。这些丝绸比棉花值钱，咱们今天的运气实在太好了！"一只猴子跟同伴商量道，"如果把这些丝绸卖了，它们不但可以买来更多的棉花，还能买很多好吃的东西呢！"

谁知，另一只猴子反对道："咱们已经背着棉花走了一大段路了，丢下棉花，先前的辛苦岂不白白浪费了？不换，我怎么都不会换的！"

第一只猴子只好自己丢下棉花，背上了丝绸。

又走了一段路，背丝绸的猴子望见山林中有闪闪发光的东西，

天啊!地上竟然放着几罐黄金!于是,它赶紧放下丝绸,抱起了黄金,还劝另一只猴子也这样做。

"算了吧,这包棉花我都背了这么久了,丢下太可惜了!何况,谁知道这些黄金是不是真的!你可千万别上当!"抱着黄金的猴子只好闭紧了自己的嘴巴,默默地和背棉花的伙伴一起回家了。

不料,当它们走到山脚时,天空突然下起了大雨,棉花吸饱雨水后,沉重了许多。背棉花的猴子不堪重负,只好丢下沉重的棉花,空着手和抱着黄金的猴子回家了。

小故事大道理

要懂得学会放手,并非所有的东西都要扛在肩上,学会放手才会收获更多。就像用手握紧沙子,抓得越牢,手中的沙子就会流失得越多。

脱缰的马儿 ◇佚名

> 最有效的资本是我们的信誉，它二十四小时不停为我们工作。
> ——佚名

一个骑师，严格地训练了他的马儿。只要把马鞭子一扬，那马儿就乖乖地听他支配，而且骑师说的话，马儿句句明白。于是骑师认为用言语就可以把马驾驭住了，给这样听话的马加上缰绳是多余的。有一天他骑马出去时，就把缰绳解掉了。

马儿在原野上奔跑，开始还不算太快，仰着头抖动着马鬃，雄

赳赳地昂首阔步，好像要验证主人的做法是正确的。但当它知道什么约束也没有的时候，很快就野性大发。它的眼睛里冒着火，脑袋里充着血，再也不听主人的叱责，越来越快地飞驰过辽阔的原野。

不幸的骑师如今毫无办法控制他的马了，他颤抖着双手想把缰绳重新套上马头，但已经无法办到。完全无拘束的马儿撒开四蹄，一路狂奔着，竟把骑师摔了下来，而它还是疯狂地往前冲，像一阵旋风似的，什么方向也不辨，最后冲下深谷，摔了个粉身碎骨。

骑师好不伤心，悲痛地大叫道："我可怜的好马呀，是我把你毁掉的呀！如果我不冒冒失失地解掉缰绳，你就不会不听我的话，就不会把我摔下来，我也不至于摔得满脸挂花，你也就绝不会落得这样凄惨的下场！"

小故事大道理

自由不等于无拘无束，不等于放浪形骸、不管不顾。很多时候，我们都在向往自由，向往没有管制的生活。可是真正的自由是在约束的基础上建立起来的，自由不是绝对的。一旦自由变成了放纵，事情就会变得危险了。

飞走的金鸟

◇佚名

> 伟大的事业不是靠力气、速度和身体的敏捷完成的，而是靠性格、意志和知识的力量完成的。
> ——佚名

有一个樵夫，每天上山砍柴，日复一日，过着平凡的日子。

有一天，樵夫跟平常一样上山砍柴，在半路上捡到一只受伤的银鸟，银鸟全身包裹着闪闪发光的银色羽毛，樵夫欣喜地说："啊！我一辈子都没有见过这么漂亮的鸟！"于是把银鸟带回家，专心替银鸟疗伤。

在疗伤的日子里，银鸟每天都唱歌给樵夫听，这让樵夫觉得很快乐。

有一天，邻人看到樵夫的银鸟，告诉樵夫他看过金鸟，"金鸟比银鸟漂亮上千倍，而且，歌也唱得比银鸟更好听。"樵夫想着，原来还有金鸟啊！

从此樵夫每天只想着金鸟，也不再仔细聆听银鸟清脆的歌声，日子越来越不快乐。

有一天，樵夫坐在门外，望着金黄色的夕阳，想着金鸟到底有

多美？此时，银鸟康复了，准备离去。

银鸟飞到樵夫的身旁，最后一次唱歌给樵夫听，樵夫听完，只是很感慨地说："你的歌声虽然好听，但是比不上金鸟；你的羽毛虽然很漂亮，但是比不上金鸟的美丽。"

银鸟唱完歌，在樵夫身旁绕了三圈对他告别，向金黄的夕阳飞去。

樵夫望着银鸟，突然发现银鸟在夕阳的照射下，变成了美丽的金鸟，他梦寐以求的金鸟就在那里。只是，金鸟已经飞走了，飞得远远的，再也不会回来。

人常常在不知不觉之中成了樵夫，自己却不知道：原来金鸟就在自己身边。

小故事大道理

有这样的一句话："事能知足心常乐，人到无求品自高。"一个人想要获得幸福，就要时刻保持一颗知足的心，千万不要这山望着那山高，凡事知足，才会常常感受到收获的幸福。

青蛙的故事

◇王子恒

[绊脚石乃是进身之阶。
——佚名]

从前,有一群青蛙组织了一场攀爬比赛,比赛的终点是一个非常高的铁塔的塔顶。一大群青蛙围着铁塔看比赛,给他们加油。

比赛开始了。

老实说,蛙群中没有谁会相信这些小小的青蛙能到达塔顶,他们都在议论:"这太难了!他们肯定到不了塔顶!"

"他们绝不可能成功的,塔太高了!"

听到这些话,一只接一

只的青蛙开始泄气,除了那情绪高涨的几只还在往上爬。

群蛙继续喊着:"这太难了!没有谁能够爬到塔顶的!"

越来越多的青蛙累坏了,退出了比赛。但有一只青蛙还在不停地往上爬,一点也没有放弃的意思。

最后,其他的青蛙都退出了比赛,除了一只,他费了很大的劲,终于成为唯一一只到达塔顶的胜利者。很自然,其他所有青蛙都想知道他是怎么成功,有一只青蛙跑上去问那个胜利者他哪里来的那么大力气跑完全程,这时,大家发现,他根本听不到他们的询问——他竟然是个聋子!

这个故事的寓意是:永远不要听信那些习惯消极悲观看问题的人。因为他们只会粉碎你内心最美好的梦想与希望。

要记住你听到的充满力量的话语,因为所有你听到的或读到的话语都会影响到你的行为。所以,一定要保持积极、乐观!而且,最重要的是:当有人告诉你你的梦想不可能成真时,你要变成"聋子",对此充耳不闻!

小故事大道理

梦想并非遥不可及,只要你有毅力继续下去,梦想就会自然而然地成为现实。可是在你成功的路上,总会听到消极的声音,这是很正常的,因为人各有其志,我们不能彻底改变别人的看法,最好的办法就是对此充耳不闻。

美丽的景色 ◇佚名

> 只有千锤百炼，才能成为好钢。
> ——佚名

有两个重病人，同住在一家大医院的小病房里。房间很小，只有一扇窗户可以看见外面的世界。其中一个人，在他的治疗中，被允许在下午坐起来一个小时。他的床靠着窗户，但另外一个人终日都得平躺在床上。

每当下午睡在窗户旁的那个人在允许的时间坐起来的时候，他都会描绘窗外的景致给另一个人听。从窗口向外看，可以看到公园里的湖。

湖内有鸭子和天鹅，孩子们在那儿撒面包片，放模型船，年轻的恋人在树下携手散步。在鲜花盛开、绿草如茵的地方，人们愉快地玩球嬉戏，后面的一排树顶上则是美丽的天空。

另一个人倾听着，享受着这一小时的每一分钟。他听见一个孩子差点儿跌到湖里，一个美丽的女孩穿着漂亮的夏装……同伴的述说几乎使他感觉自己亲眼目睹到外面发生的一切。

然而，在一个天气晴朗的午后，他想："为什么睡在窗边的人可以独享观看外面的权利呢？为什么我没有这样的机会？"他觉得不是滋味，他越这么想，就越想换位置。他一定得换才行！

有天夜里，他睡不着觉，只好盯着天花板看。同伴忽然惊醒了，拼命地咳嗽，一直想用手按铃叫护士来。但这个人只是旁观而没有帮忙，尽管他感觉同伴的呼吸已经停止了。第二天早上，护士来了，他们只能抬走那个病人的尸体。

过了一段时间，这个人开口问，他是否能换到靠窗户的那张床上。

他们搬动了他，帮他换位置，这让他觉得很舒服。他们走了以后，他用手肘撑起自己，吃力地往窗外望……出乎他意料的是，他看到窗外只有一堵空白的墙。

小故事大道理

在自然法则中，适者生存是永恒的真理，这个真理也适用于人类社会。有的时候，我们生存的环境是无法改变的，我们只有抱着淡然、乐观的心态，努力地去适应环境，才能在这个世界上占有一席之地。

驼背老翁的捕蝉妙法   ◇佚名

[肉体是精神居住的花园，意志则是这个花园的园丁。意志既能使肉体"贫瘠"下去，又能用勤劳使它"肥沃"起来。

——佚名]

孔子带领学生去楚国采风。他们一行人从树林中走出来，看见一位驼背老翁正在捕蝉。他拿着竹竿粘捕树上的蝉，就像在地上拾取东西一样自如。

"老先生捕蝉的技术真高超。"孔子恭敬地对老翁表示称赞后问："您对捕蝉想必是有什么妙法吧？"

"方法肯定是有的，我练捕蝉五六个月后，在竿上垒放两粒粘丸而不掉下，蝉便很少有逃脱的；如垒三粒粘丸仍不落地，蝉十有八九会捕住；如能将四粒粘丸垒在竹竿上，捕蝉就会像在地上拾东西一样简单容易了。"捕蝉翁说到此处捋捋胡须，严肃地对孔子的学生们传授经验。他说："捕蝉首先要学练站功和臂力。捕蝉时身体定在那里，要像竖立的树桩那样纹丝不动；竹竿从胳膊上伸出去，竖立像控制树枝一样不颤抖。另外，注意力要高度集中，无论天大地广，万物繁多，在我心里只有蝉的翅膀，我专心致志、神情

专一。精神到了这番境界，捕起蝉来，那还能不手到擒来，得心应手吗？"

大家听完驼背老翁捕蝉的经验之谈，无不感慨万分。孔子对身边的弟子深有感触地说："神情专注，专心致志，才能出神入化，得心应手。捕蝉老翁讲的可是做人办事的大道理啊！"

小故事大道理

生活教给我们的不是技巧，而是勤奋和肯钻研的精神。就像文中的老翁，他教会我们"熟能生巧"的"巧"是建立在专一和勤奋的基础上的，只有心和精神保持高度的统一，才会达到把"技巧"运用自如的境界。

天堂与地狱

◇佚名

> 即使爬到最高的山上，一次也只能脚踏实地地迈一步。
>
> ——佚名

有一个人，死后去见上帝。上帝问他："你是想上天堂还是下地狱？"

那个人说："我不知道天堂和地狱是什么样子，我辛辛苦苦工作了一辈子，我不想再工作了，我只想到一个不用工作的地方。"

上帝把那个人带到一个金碧辉煌的地方，说："在这里，你不用工作。这里有山珍海味，你想吃什么就吃什么；这里有舒服的床铺，你想睡多久就睡多久，不会有人来打扰你。这里绝对没有什么事情需要你做。"

那个人听了很高兴,说:"这就是我想要去的地方!这么好的地方,这里一定是天堂吧?"

上帝听了,只是笑笑,没有回答。

于是,这个人就高高兴兴地住了下来。一开始,他在这里过得很快乐,每天可以吃到很多好吃的东西,他可以睡到任何时候。他觉得自己非常幸福。

可是,过了一段时间,他开始觉得有些空虚和寂寞了。他找到上帝,说:"尊敬的上帝,我在天堂生活得很快乐。但是,您能不能给我一些事情做,这样我会过得更开心!"上帝说:"不行!在那里,你不用做任何事情——除了吃饭和睡觉。你不需要工作。"那个人的请求没有得到答应,只好不高兴地走了。他想:虽然没有工作,但这种日子总比每天工作要好一些吧。于是他又回去过着吃了睡、睡了吃的生活。

这样又过了一段时间,那个人实在忍受不住这种无所事事的生活,他又跑去见上帝,说:"我实在受不了这种生活了,如果你不给我工作,我宁愿下地狱!"

上帝笑了,说道:"你以为你现在生活在天堂吗?不,你生活在地狱!"

小故事大道理

幸福就是享受劳动带来的快乐,过分的享受只会让人慢慢变得懒惰,变得贪婪。每个人都要通过努力体现出自身的价值,有一天你会发现充实的生活要比好吃懒做快乐得多。

座位需要主动去找
◇佚名

> 对于最有能力的领航人,风浪总是格外汹涌。
> ——佚名

有一个人经常出差,经常买不到对号入座的车票,可是无论长途短途,无论车上多挤,他总能找到座位。

他的办法其实很简单,就是耐心地一节车厢一节车厢找过去。这个办法听上去似乎并不高明,但却很管用。每次,他都做好了从第一节车厢走到最后一节车厢的准备,可是每次他都用不着走到最后就会发现空位。他说,这是因为像他这样锲而不舍找座位的乘客实在不多。经常是在他落座的车厢里尚余若干座位,而在其他车厢的过道和车厢接头处,居然人满为患。

他说,大多数乘客轻易就被一两节车厢拥挤的表面现象迷惑了,不大细想。在数十次停靠之中,从火车十几个车门上上下下的乘客流动中蕴藏着不少提供座位的机遇,即使想到了,他们也没有那一份寻找的耐心。眼前一方小小的立足之地很容易让大多数人满足,为了一两个座位背负着行囊挤来挤去有些人也觉得不值。他们

还担心万一找不到座位，回头连个好好站着的地方也没有了。与生活中一些安于现状不思进取害怕失败的人，永远只能滞留在没有成功的起点上一样，这些不愿主动找座位的乘客大多只能在上车时最初的落脚之处一直站到下车。

小故事大道理

墨守成规是不会有进步的，只能在一个固守的框架内斡旋，就像驴在原地拉磨，无论它怎样转都走不出那个圈。有时候，人是需要突破自己的，主动寻找适合自己的路，总有一个位置是你的。

蝉的新生 ◇佚名

[人之所以有一张嘴，而有两只耳朵，原因是听的要比说的多一倍。
——佚名]

蝉总是夏天才出现，一到夏天，它们就停在高高的树上。在快要下雨的时候，天气很闷热的时候，大声地叫个不停。

春天的时候，蝉的幼虫从居住的大树下的土洞里爬出来，一身土黄色的硬硬的壳，紧紧地裹着它幼小的身体。虽然有翅膀，但是它还飞不了；虽然有嘴巴，但是它还不能歌唱。它只能默默地爬啊爬，非常可怜。

终于有一天，蝉的幼虫笨拙地爬上了一棵小树。它用六只脚抓住一根细细的枝条。它一动也不动，就像一个黄色的药丸一样，趴在树枝上。时间慢慢地过去，渐渐地，蝉的幼虫身上出现了变化。它的脊背上裂开了一道缝儿，逐渐增大，逐渐增大……从那道缝儿往里看，可以看到开始露出象牙般洁白的肉体。

蝉的幼虫感觉到巨大的疼痛，它战栗着、扭动着、挣扎着，感觉仿佛有一把锋利的钢刀在剥自己的皮一样。它好想放弃，实在是太疼了。

"要坚持住啊！孩子，一定要坚持住啊！"

妈妈的声音好像在蝉的幼虫耳边响起。蝉的幼虫鼓起勇气，尽管背上还是撕心裂肺地疼痛，但是它告诉自己：我不怕，我要勇敢，我一定可以做到的。

背上的裂缝越来越大，疼痛也越来越剧烈。蝉的幼虫咬紧牙关，顽强地扭动着、挣扎着。终于，它用尽全身力气从旧的硬壳中抽出了最后一只脚。

自由了！自由了！蝉的幼虫已经蜕变成了一只蝉，它伸展了自己的身体，抖了抖翅膀，飞到了高高的树上。蝉张开了嘴，惊喜地发出第一声长鸣："知了——"叫声惊醒了一只昏睡的蜗牛，它从螺旋形的房子中探出头来："你知道了什么？"

"只有坚持，才有我的新生！"

小故事大道理

"只有坚持，才有新生！"在成长的过程中，一定会有挫折和坎坷，可是只要坚持住，乘风破浪后就会仿若新生。一个人的成长是需要经历一点挫折的，只有用挫折磨砺意志，才会真正长大。

会飞的兔子

◇蔡雪杨

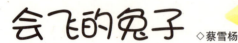

[知识给人重量，成就给人光彩，大多数人只是看到了光彩，而不去称量重量。

——佚名]

兔子站在山涧的边缘，望着对面草地上的绿草垂涎三尺。但山涧实在是太宽了，足有几十米，恐怕任何野兽都无法逾越，除非是长着翅膀的鸟。

兔子叹了口气，它心想，自己如果长着翅膀就好了，那样就可以轻而易举地飞到对面的草地上痛快地美餐一顿。它正胡乱地想着，忽然有一股巨大的旋风刮了过来，兔子躲闪不及，被刮上了天空。兔子只觉得天旋地转，晕晕乎乎，弄不清东南西北，一会儿的工夫，它轻轻地摔到了地上。

它揉了揉眼睛，惊呆了，原来自己已被旋风裹着飞过了山涧，脚下正是它做梦都梦到的绿草地，这时，黄牛、山羊、野猪等动物见山涧对面飞过来一个东西，便赶紧跑过来看个究竟。近前一瞧，它们简直不相信自己的眼睛。这个会飞的东西竟是兔子！于是大家把兔子抬起举向空中，表示对兔子本领的欣赏。而后大家如众星捧

月般地围着兔子问长问短，表现出对兔子的崇拜之意。兔子成为动物们的核心，它自然高兴极了。

兔子会飞的消息很快在动物王国中传开了，兔子成为动物们的体育明星。由于它创造了只身飞跃山涧的动物界纪录，动物们对它心服口服。黄牛、山羊、野猪先后请兔子到自己的领地，给所有的同类做报告。兔子便常常伴着阵阵掌声，走上讲台，慷慨陈词，它讲自己飞跃山涧的实践与体会。它越讲越激动，越讲越上瘾，常常一讲就是半天。兔子从童年讲到青年，从喜欢吃的青草讲到自己挖的洞，从自己的腰围讲到自己的体重。口若悬河，滔滔不绝，兔子的演讲水平迅速提高。

在一片赞赏和喝彩声中，兔子觉得自己真的成了一只会飞的兔子。一天，它心血来潮，当着动物的面，说自己要再次表演飞跃山涧的绝技。只见它站在山涧边上，用足了力气，猛地向对面跃去。

可是，它只飞出几米便坠到山涧里去了。

小故事大道理

在我们还没有真正了解自己能力的情况下，不要被别人的夸赞冲昏了头脑，飘飘然的结果就是输得更惨。个人的能力有限，不是什么事情都可以做得到的，当有些事情你没有做到，可是别人却夸到了，这时你就要认真审视自己的言行，以免造成糟糕的后果。

与时间赛跑

◇林清云

> 最重要的就是不要去看远方模糊的事，而要做手边清楚的事。
> ——佚名

汉弗莱读小学的时候，他的外祖母过世了。外祖母生前很疼爱他，汉弗莱无法排除自己的忧伤，每天在学校操场上一圈又一圈地跑着，跑得累倒在地上后，就扑在草坪上痛哭。

那哀痛的日子持续了很久，爸爸妈妈也不知道如何安慰他。他们知道与其骗儿子说外祖母睡着了，还不如说实话，告诉他外祖母永远不会回来了。

"什么是永远不会回来呢？"汉弗莱问道。

"所有时间里的事物，都永远不会回来。你的昨天过去了，它就永远变成昨天，你不能再回到昨天。爸爸以前也和你一样小，现在也不能回到你这么小的童年了，有一天你也会长大，你会像外祖母一样老，将来你度过了你的时间，就永远不能回来了。"爸爸说。

以后，汉弗莱每天放学回家，在庭院里面看着太阳一寸一寸地沉到地平线以下，就知道一天真的过完了，虽然明天还会有新的太

阳，但永远不会有今天的太阳了。

　　时间过得那么飞快，在汉弗莱幼小的心里不只是着急，还有悲伤。有一天，他放学回家，看到太阳快落山了。就下决心说："我要比太阳更快地回家。"他狂奔回去，站在庭院前喘气的时候，看到太阳还露着半边脸，就高兴地跳跃起来，那一天他觉得自己跑赢了太阳。以后他就时常做那样的游戏，有时和太阳赛跑，有时和西北风比快，有时一个暑假才能完成的作业，他十天就做完了。那时他三年级，常常把五年级的作业拿来做。

　　每一次比赛胜过时间，汉弗莱就快乐得不知道怎么形容。

　　后来的二十年里，他因此受益无穷，虽然他知道人永远跑不过时间，但是人可以比自己原来的时间跑快一步。如果跑得够快，有时可以快好几步，那几步虽然很小很小，用途却很大很大。

小故事大道理

　　岳飞曾这样说："莫等闲，白了少年头，空悲切。"时间从我们身边匆匆走过，它从来不会为谁而停下它的脚步。可是，只要你也能与时间赛跑，那么每天多跑出一步，时间久了，就是迈出了人生的一大步。

你一定可以画好的
◇佚名

[为明天做准备的最好方法就是集中你所有的智慧，所有的热忱，把今天的工作做得尽善尽美，这就是你能应付未来的唯一方法。
——佚名]

意大利画家达·芬奇做学徒的时候，才华并没有显露出来，他与所有的学画者一样，很普通，根本没有任何闪光点。

那个时候，教达·芬奇画画的老师是个很有名望的画家，只是老师的年纪很大了，作画时常常感到力不从心。一天，老师让达·芬奇替他画一幅未完成的作品。年轻的达·芬奇觉得自己只是一个学徒，不敢接受老师的嘱托。由于自己缺乏自信，他更害怕把老师的作品给毁了。"对不起，我的能力和水平与您相差得太远了，我会影响您的声誉的。"达·芬奇不停地推辞。"不行，我就是让你来画！"这位老画家不管达·芬奇怎么说，一定要让他画。"孩子，你还没有画，怎么就知道自己不能画好呢？相信自己，你一定

可以画好的！"没办法，老师已经发话了，达·芬奇再坚持也没用了。于是，他只好战战兢兢地拿起画笔，开始画画。很快，他就进入了全身心作画的境界，内心的艺术感受喷薄而出。画完成后，老画家来画室评鉴他的画，当他看到达·芬奇的作品时，惊讶得几乎要说不出话来了。他把年轻的达·芬奇抱住，激动地说："孩子，有了你，我从此不用再作画了。你知道吗？你就是你自己的伯乐啊，是你为老师发现了你这匹千里马！"

从此以后，达·芬奇重新找回了自信，而他的艺术天分也得到最大限度的发挥，终于成长为举世闻名的一代艺术大师。

小故事大道理

自信是成长路上的照明灯，有了它的指引，就能更好地辨别人生的方向。就像文中的达·芬奇，他刚开始并不自信，可是因为得到了老师的鼓励，他才开始直面自己的人生，艺术天分也得到了最大的发挥，最终走出了一条属于自己的路。

一切都是最好的安排 ◇佚名

> 你的脸是为了呈现上帝赐给人类最贵重的礼物——微笑，一定要成为你工作最大的资产。
> ——佚名

从前有一个国家，地不大，人不多，但是人民过着悠闲快乐的生活，因为他们有一位不喜欢做事的国王和一位不喜欢做官的宰相。

国王没有什么不良嗜好，除了打猎以外，最喜欢与宰相微服私访。宰相除了处理国务以外，就是陪着国王下乡巡视，如果是他一个人的话，他最喜欢研究宇宙与人生的真理，他最常挂在嘴边的一句话就是："一切都是最好的安排。"

有一次，国王兴高采烈地到大草原打猎，随从们带着数十条猎犬，声势浩荡。国王的身体保养得非常好，筋骨结实，而且肌肤泛光，看起来就有一国之君的气度，随从看见国王骑在马上，威风凛凛地追逐一头花豹，都不禁赞叹国王勇武过人。花豹奋力逃命，国王紧追不舍，一直追到花豹的速度减慢时，国王才从容不迫地弯弓搭箭，瞄准花豹，"嗖"的一声，利箭像闪电似的，一眨眼就飞过草原，不偏不倚地钻入花豹的颈子，花豹惨嘶一声，扑倒在地。

国王很开心,他眼看花豹躺在地上许久都毫无动静,一时失去戒心,居然在随从尚未赶上时,就下马检视花豹。谁想到,花豹就是在等待这一瞬间,使出最后的力气,突然跳起来向国王扑过来。国王一愣,看见花豹张开血盆大口咬来,他下意识地闪了一下,心想:"完了!"还好,随从及时赶上,立刻发箭射入花豹的咽喉,国王觉得小指一凉,花豹就闷不吭声地跌在地上,这次真的死了。

随从忐忑不安地走上来询问国王是否无恙,国王看看手,小指头被花豹咬掉小半截,血流不止,随行的御医立刻上前包扎。虽然伤势不算严重,但国王的兴致早被破坏光了。本来国王还想找人来责骂一番,可是想想这次只怪自己冒失,还能怪谁?所以闷不吭声,大伙儿就黯然回宫去了。

回宫以后,国王越想越不痛快,就找了宰相来饮酒解愁。宰相知道了这事后,一边举酒敬国王,一边微笑说:"大王啊!少了一小块肉总比少了条命来得好吧!想开一点,一切都是最好的安排!"

国王一听,闷了半天的不快终于找到宣泄的机会。他凝视宰相说:"嘿!你真是大胆!你真的认为一切都是最好的安排吗?"

宰相发觉国王十分愤怒,却也毫不在意地说:"大王,真的,如果我们能够超越自我的得失成败,确确实实,一切都是最好的安排。"

国王说:"如果我把你关进监狱,这也是最好的安排?"

宰相微笑说:"如果是这样,我也深信这是最好的安排。"

国王说:"如果我吩咐侍卫把你拖出去砍了,这也是最好的安排?"

宰相依然微笑,仿佛国王在说一件与他毫不相干的事。"如果

是这样，我也深信这是最好的安排。"

国王勃然大怒，大手用力一拍，两名侍卫立刻近前，国王说："你们马上把宰相抓出去斩了！"侍卫愣住，一时不知如何反应。国王说："还不快点，等什么！"侍卫如梦初醒，上前架起宰相，就往门外走去。国王忽然有点后悔，他大叫一声说："慢着，先抓去关起来！"宰相回头对他笑，说："这也是最好的安排！"

国王大手一挥，两名侍卫就架着宰相走出去了。

过了一个月，国王养好伤，打算像以前一样找宰相一块儿微服私巡，可是想到是自己亲口让人把他关入监狱里的，一时也放不下身段释放宰相，叹了口气，就自己独自出游了。

走着走着，来到一处偏远的山林，忽然从山上冲下一队脸上涂着红黄油彩的蛮人，三两下就把他五花大绑，带回山上了。国王这时才想到今天正是满月，这一带有支原始部落，每逢月圆之日就会下山寻找祭祀满月女神的牺牲品。他哀叹一声，这下子真的是没救了。其实心里却很想跟蛮人说："我乃这里的国王，放了我，我就

赏赐你们金山银海！"可是嘴巴被破布塞住，连话都说不出来。

当他看见自己被带到一口比人还高的大锅前，柴火正熊熊燃烧时，更是脸色惨白。大祭司现身，当众脱光国王的衣服，露出他细皮嫩肉的龙体。大祭司啧啧称奇，想不到现在还能找到这么完美无瑕的祭品！

原来，今天要祭祀的满月女神，正是"完美"的象征，所以，祭祀的牺牲品丑一点、黑一点、矮一点都没有关系，就是不能残缺。就在这时，大祭司发现国王的左手小指头少了小半截，他忍不住咬牙切齿地咒骂了半天，忍痛下令说："把这个废物赶走，另外再找一个！"脱困的国王大喜若狂，飞奔回宫，立刻叫人释放宰相，在御花园设宴，为自己保住一命，也为宰相重获自由而庆祝。

国王一边向宰相敬酒一边说："宰相，你说得真是一点也不错，果然，一切都是最好的安排！如果不是被花豹咬一口，今天连命都没了。"

宰相回敬国王，微笑着说："恭喜大王对人生的体验又更上一层楼了。"过了一会儿，国王忽然问宰相说："我侥幸逃回一命，固然是'一切都是最好的安排'，可是你无缘无故在监狱里蹲了一个月，这又怎么说呢？"

宰相慢条斯理地喝下一口酒，才说："大王！您将我关在监狱里，确实也是最好的安排啊！您想想看，如果我不是在监狱里，那么陪伴您微服私巡的人，不是我还会有谁呢？等到蛮人发现国王不适合拿来祭祀满月女神时，谁会被放进大锅中烹煮呢？不是我还有谁呢？所以，我要为大王将我关进监狱而向您敬酒，您也救了我一命啊！"

小故事大道理

每个人都是在得与失的交替中逐渐成熟起来的，对待生活如果是用乐观、知足的心态，那么人生的挫败感就会大大降低，继而自信心就会占据主流，一个人就很容易做出一番大的事业。看淡成败，你要相信一切都是最好的安排。

第三辑
不要为卑微的东西祈祷

> 不要为卑微的东西祈祷！只有奋斗和努力是真实的，只有自己的汗水是真实的。祈祷天堂里的上帝，不如相信真实的自己；祈祷虚无的上帝，不如付出诚实的劳动。

好学的华佗

◇佚名

[人性最可怜的就是：我们总是梦想着天边的一座奇妙的玫瑰园，而不去欣赏今天就开在我们窗口的玫瑰。

——佚名]

华佗是汉代著名的医学家。他精通内、外、妇、儿、针灸各科，对外科尤为擅长。

华佗成了名医以后，来找他看病的人很多。

一天，来了一个年轻人，请华佗给他看病，华佗看了看说："你得的是头风病，药倒是有，只是没有药引子。"

"得用什么药做药引子呢？"

"生人脑子。"病人一听，吓了一跳，上哪去找生人脑子呢？只好失望地回家了。

过了些日子，这个年轻人又找了位老医生，老医生问他："你找人看过吗？"

"我找华佗看过，他说要生人脑子做药引子，我没办法，只好不治了。"

老医生哈哈大笑，说："用不着找生人脑子，去找十个旧草帽，

熬汤喝就行了。记住，一定要找人们戴过多年的草帽才顶事。"

年轻人照着去做，果然药到病除。

有一天，华佗又碰到这个年轻人，见他生龙活虎一般，不像有病的样子，于是就问："你的头风病好啦？"

"是啊，多亏一位老先生给我治好了。"

华佗详细地打听了治疗经过，非常敬佩那位老医生。他想向老医生请教，把他的经验学来。他知道，如果老医生知道他是华佗，肯定不会收他为徒。

于是他装扮成一名普通人的模样，跟那位医生学了三年徒。

一天，老师外出了，华佗同师弟在家里拣药。门外来了一位肚子像箩、腿粗像斗的病人。病人听说这儿有名医，便跑来求治。

老师不在家，徒弟不敢随便接待，就叫病人改天再来。病人苦苦哀求道："求求先生，给我治一下吧！我家离这儿很远，来一趟不容易。"这时，华佗见病人病得很重，不能拖延，就说："我来给你治。"说着，拿出二两砒霜交给病人说："这是二两砒霜，分两次吃。可不能一次全吃了啊！"病人接药，连声感谢。

病人走后，师弟埋怨道："砒霜是毒药，吃死了人怎么办？"

"这人得的是鼓胀病，必须以毒攻毒。"

"治死了谁担当得起？"

华佗笑着说："不会的，出了事我负责。"

那个大肚子病人拿药出了村外,正巧碰上老医生回来了,病人便走上前求治。老医生一看,说道:"你这病容易治,买二两砒霜,分两次吃,一次吃有危险,快回去吧!"病人一听,说:"二两砒霜,你徒弟拿给我了,他叫我分两次吃。"老医生接过药一看,果然上面写得清楚,心想:"我这个药方除了护国寺老道人和华佗,还有谁知道呢?我没有传给徒弟呀!"

回到家里,问两个徒弟:"刚才大肚子病人的药是谁开的?"

徒弟指着华佗说:"是师兄。我说这药有毒,他不听,逞能。"

华佗不慌不忙地说:"师傅,这病人得的是鼓胀病,用砒霜以毒攻毒,病人吃了有益无害。"

"这是谁告诉你的?""护国寺老道人,我在那儿学了几年。"

老医生这才明白过来,他就是华佗,连忙说:"华佗啊!你怎么到我这儿来当学徒啊!"华佗只好说出求学的理由。老医生听完华佗的话,一把抓住他的手说:"你已经名声远扬了,还到我这穷乡僻壤来吃苦,真对不起你呀!"

老医生当即把治头风病的药方告诉了华佗。

小故事大道理

华佗最大的优点就是"不耻下问",他为了自身医术的提高,放低了自己的身份,并认真地观察和学习,取人之长,补己之短。学习的过程就是一个不断进步的过程,"三人行,必有我师",虚心学习才会不断地提高。

鼹鼠的忠告 ◇佚名

[以诚感人者，人亦诚而应。
　　　　　　　——佚名]

　　鹰王和鹰后从遥远的地方飞到远离人类的森林。它们打算在密林深处定居下来，于是就挑选了一棵又高又大、枝繁叶茂的橡树，在最高的一根树枝上开始筑巢，准备夏天在这儿孵养后代。

　　鼹鼠听到这个消息，大着胆子向鹰王提出警告："这棵橡树可不是安全的住所，它的根几乎烂光了，随时都有倒掉的危险，你们最好不要在这儿筑巢。"

　　嘿，这真是怪事！老鹰还需要鼹鼠来提醒？它们这些躲在洞里的家伙，难道能否认老鹰的眼睛是锐利的吗？鼹鼠是什么东西，竟然胆敢跑出来干涉鸟大王的事情？鹰王根本瞧不起鼹鼠的劝告，立刻动手筑巢，并且当天就把全家搬了进去。不久，鹰后孵出了一窝可爱的小家伙。

一天早晨，正当太阳升起来的时候，外出打猎的鹰王带着丰盛的早餐飞回家来。然而，那棵橡树已经倒掉了，它的鹰后和它的子女都已经摔死了。

看见眼前的情景，鹰王悲痛不已，它放声大哭道："我多么不幸啊！我把最好的忠告当成了耳边风，所以，命运就给予我这样严厉的惩罚。我从来不曾料到，一只鼹鼠的警告竟会是这样准确，真是怪事！真是怪事！"

"轻视从下面来的忠告是愚蠢的，"谦恭的鼹鼠答道，"你想一想，我就在地底下打洞，和树根十分接近，树根是好是坏，有谁还会比我知道得更清楚呢？"

小故事大道理

不要低估了小人物的价值，即使再伟大的人也不可能面面俱到地什么事情都知晓，还是要放低自己的身份，这样才会在小人物的身上学到大道理。

真正的炼金术
◇佚名

[世上并没有用来鼓励工作努力的赏赐，所有的赏赐都只是被用来奖励工作成果的。
——佚名]

从前，泰国有个叫奈哈松的人，一心想成为大富翁，他觉得成功的捷径便是学会炼金术。他把全部的时间、金钱和精力都用在了炼金术的实践中。

不久，他花光了自己的全部积蓄，家中变得一贫如洗，连饭也吃不上了。妻子无奈，跑到父母那里诉苦，她父母决定帮女婿改掉恶习。他们对奈哈松说："我们已经掌握了炼金术，只是现在还缺少炼金的东西。"

"快告诉我，还缺少什么东西？"

"我们需要三公斤从香蕉叶背面搜集起来的白色绒毛，这些绒毛必须是你自己种的香蕉树上的，等到收完绒毛后，我们便告诉你炼金的方法。"

奈哈松回家后立即在已荒废多年的田地里种上了香蕉，为了尽快凑齐绒毛，他除了种自家以前就有的田地外，还开垦了大量

的荒地。

当香蕉成熟后,他小心地从每张香蕉叶背面收刮白绒毛,而他的妻子和儿女则抬着一串串香蕉到市场上去卖。就这样,十年过去了,他终于收集够了三公斤的绒毛。这天,他满脸兴奋地提着绒毛来到岳父母的家里,向岳父母讨要炼金之术,岳父母让他打开院里的一间房门,他立即看到满屋的黄金,妻子和儿女都站在屋中。妻子告诉他,这些金子都是用他十年里所种的香蕉换来的。面对满屋实实在在的黄金,奈哈松恍然大悟。从此,他努力劳作,终于成了一方富翁。

小故事大道理

盲目地寻找成功不如静下心来细想怎么做才会成功,成功不是信手拈来的,它是通过一个人的努力和勤奋换来的。如果不进行实践,只是一味地守株待兔,成功是永远不会光临的。

梁国商人

◇子玉

> 征服畏惧，建立自信的最快的方法，就是去做你害怕的事，直到你获得成功的经验。
> ——佚名

从前，梁国有个商人到南方做生意，过了七八年才回到自己的家乡。

他临走之前，由于家中的气候、空气、生活习惯等原因，他脸上长满了粉刺疙瘩，令他看起来丑陋不堪。到了南方之后，他整天吃杏仁、海藻等药物食品，呼吸江南山川之间的灵秀之气，饮用山泉中的甘甜之水。由于食物洁净，空气清新，久而久之，脸上的疙瘩逐渐消失了，容貌也变得十分俊美。乍眼望去，脖颈像天生的幼虫一样，修长白嫩。

他从江南回到家乡后，照镜子看了一下自己的身影，觉得自己长得实在是太好了，一天比一天更觉得自己了不起。他神气十足地走在国都的大街上，洋洋自得地看着左右的邻人，总觉得国都的人和左右的邻人十之八九都不如自己。

他回到家中，刚登上大堂，看见自己的妻子，便惊慌地逃走

了。一边逃一边说:"这是什么怪物,这么难看。"妻子上前问寒问暖慰劳他,可是他却说:"我跟你有什么关系!"妻子给他送来了茶水,他生气地推在一边不喝;妻子给他送来了饭菜,他也生气地不吃;妻子跟他说话,他一言不发,只是面对着墙叹息;妻子穿戴整齐,打扮得很漂亮来侍奉他,他竟唾弃而不理睬。

最后他愤愤地对妻子骂道:"你长得如此丑陋,哪点能赶得上我?赶快走开!"他的妻子听了哀伤地低下了头,叹息道:"人家身居富贵还不忘糟糠之妻呢,有了年轻的美妾还不忘衰老的妻子呢。你因为脸上没了粉刺疙瘩回来就看不起我,我因脸上有些雀斑就要被驱逐,这脸上的雀斑是天生的,又不是我的罪过!"最后,妻子终于忍受不了,悲愤地离开家走了。

梁国的这个商人,在家中过了三年,乡里人都憎恶他的行为,没有人跟他通婚,由于北方的土地和气候的影响,他的毛发、气血逐渐改变。又由于他吃大豆饮冷水,他的肌肤逐渐憔悴,又恢复了从前那丑陋的模样。

这时他的妻子回来了,两人又相敬如初了。

小故事大道理

将心比心是一个很重要的人生理念,很多时候我们都应该以恕己之心待人。因为事物都是在不断变化和发展的,任何人都不能确定自己的一生可以一帆风顺,不要用你的冷漠,换来别人同样的对待。

栽到水里的博士

◇佚名

> 即使是不成熟的尝试，也胜于胎死腹中的策略。
> ——佚名

有一个博士被分配到一家研究所工作，他是这个研究所学历最高的人。

有一天，他到单位后面的小池塘去钓鱼，正好正副所长在他的一左一右，也在钓鱼。他只是微微点了点头，这两个本科生，有什么好聊的呢？

不一会儿，正所长放下钓竿，伸伸懒腰，噌噌噌从水面上箭步如飞地走到对面上厕所。博士眼睛瞪得都快掉下来了。水上漂？不会吧？这可是一个池塘啊！

正所长上完厕所回来的时候，同样也是噌噌噌地从水上漂回来了。

怎么回事？博士生又不好意思去问，自己是博士生啊！过了一阵，副所长也站起来，走几步，噌噌噌地飘过水面上厕所。这下子博士更是差点昏倒，不会吧，到了一个江湖高手云集的地方？

博士生也内急了。这个池塘两边有围墙,要到对面上厕所非得绕十分钟的路,而回单位上厕所又太远,怎么办?博士生也不愿意去问两位所长,憋了半天后,也起身往水里跨:我就不信本科生能过的水面,我博士生不能过。只听"咚"的一声,博士生栽到了水里。两位所长将他拉了出来,问他为什么要下水,他问:"为什么你们可以走过去呢?"

两所长相视一笑:"这池塘里有两排木桩子,由于这两天下雨涨水正好没在水面下。我们都知道这木桩的位置,所以可以踩着桩子过去。你怎么不问一声呢?"

小故事大道理

不了解不等于无知,不懂装懂才是一种近乎迂腐的无知。如果你想让自己的每一天都在进步,就要勤学好问,"不耻下问"也是好的选择。每个人的身上都有发光点,都有你值得学习的地方。

不要为卑微的东西祈祷

◇陈海强

> 世上最重要的事，不在于我们在何处，而在于我们朝着什么方向走。
> ——佚名

四岁的小克莱门斯上学了。教书的霍尔太太是一位虔诚的基督徒，每次上课之前，她都要领着孩子们进行祈祷。有一天，霍尔太太给孩子们讲解《圣经》，当讲到"祈祷，就会获得一切"的时候，小克莱门斯忍不住站了起来，他问道："如果我祈祷上帝呢？他会给我想要的东西吗？""是的，孩子，只要你愿意虔诚地祈祷，你就会得到你想要的东西。"

小克莱门斯特别想得到一块很大很大的面包，因为他从来没有吃过那样诱人的面包。而他的同桌，一个金头发的小姑娘每天都会带着一块这么诱人的面包来上学。她常常问小克莱门斯要不要尝一口，小克莱门斯每次都坚定地摇头，但他的心是痛苦的。

放学的时候，小克莱门斯对小姑娘说："明天我也会有一块大面包。"回到家后，小克莱门斯关起门，无比虔诚地进行祈祷，他相信上帝已经看见了自己的表情，上帝一定会被自己的诚心感动

的!然而,第二天起床后,当他把手伸进书包的时候,除了一本破旧的课本什么也没有发现。他决定每天晚上坚持祈祷,一定要等到面包降临。

一个月后,金头发的小姑娘笑着问小克莱门斯:"你的面包呢?"小克莱门斯已经无法继续自己的祈祷了。他告诉小姑娘,上帝也许根本就没有看见自己在进行多么虔诚的祈祷,因为每天肯定有无数的孩子都进行着这样的祈祷,而上帝只有一个,他怎么会忙得过来?小姑娘笑着说:"原来祈祷的人都是为了一块面包,但一块面包用几个硬币就可以买到了,人们为什么要花费这么多的时间去祈祷,而不是去赚钱买面包呢?"

小克莱门斯决定不再祈祷。他相信小姑娘所说的正是自己想要知道的——只有通过实际的工作来获得自己想要的东西。而祈祷,永远只能让你停留在等待中。

小克莱门斯对自己说:"我不会再为一件卑微的小东西祈祷了。"他带着对生活的坚定信心走上了新的道路。

多年以后,小克莱门斯长大成人,当他用笔名马克·吐温发表作品的时候,他已经是一名为了理想勇敢战斗的作家了。他再没有祈祷上帝,因为在无数个艰难的日子中,他都记着,不要为卑微的东西祈祷！只有奋斗和努力是真实的，只有自己的汗水是真实的。祈祷天堂里的上帝，不如相信真实的自己；祈祷虚无的上帝，不如付出诚实的劳动。

小故事大道理

自信是一种力量，它可以打败你内心的胆怯，同时也可以让你自己更加相信真实的自己。只有勤奋的汗水是真实的，祈祷只是一种虚无的信仰。不要为卑微的东西祈祷，否则你的信仰也就廉价了。

没有底的木桶
◇佚名

> 积极的人在每一次忧患中都看到一个机会,而消极的人则在每个机会中都看到某种忧患。
> ——佚名

从前,有一个国王由于日夜操劳国事,身体渐渐不支。想到自己不久后将告别人世,老国王决定从两个儿子中选一个继承人。但是两个儿子都很孝顺,选谁呢?老国王想了很久,最后决定出一道题目测测两个儿子,看看谁更聪明,就将王位传给谁。

一天,他把两个儿子叫到身边,说:"这里有两个没有底的木桶,谁能用它们到河边装满水回来,就将王位传给谁!"

大儿子拿着木桶觉得非常好笑,没有底的木桶也能装满水?父王是不是老得神志不清了?简直是异想天开。于是极不情愿地到河边去舀,可木桶每次提上来都是空的。

"这怎么弄嘛!我可没这本事,也许只有上帝才能达到他的要求。哼,父王真会捉弄人!"大儿子又气又恼,埋怨个不停。

他决定不再舀了,于是拿起那个空空的没有底的木桶来到国王面前,毕恭毕敬地禀报道:"父王,经过我多次的实验证明,没有

底的木桶是不能舀水的……"

正说着,二儿子回来了。只见他正一手堵住木桶底,一手护着木桶,托着满满一桶水走了过来。大儿子看得目瞪口呆。这样简单的办法我也会呀,但我怎么就没想到呢?

国王意味深长地看看大儿子,又看看二儿子,露出了满意的笑容。最后,国王说:"做一件事,当还不具备成功的成熟条件时,总有两种人出现:一种人满腹牢骚;另一种人却没有条件,创造条件也要上,这种人必定会取得成功。"

小故事大道理

做一件事情的时候,不是所有的有利条件都会助你一臂之力。这就需要我们在没有条件的时候,创造条件也要完成我们想做的事情。孜孜不倦的努力再加上勇于探索的执着,成功一定会向你敞开它的大门。

得与失
◇李谷

> 失去金钱的人损失甚少,失去健康的人损失极多,失去勇气的人损失一切。
> ——佚名

有一个阿拉伯的富翁,在一次大生意中赔光了所有的钱,并且欠下了债。他卖掉房子、汽车,才还清了债务。

此刻,他孤独一人,无儿无女,穷困潦倒,唯有一只心爱的猎狗和一本书与他相依为命,相依相随。在一个大雪纷飞的夜晚,他来到一座荒僻的村庄,找到了一个避风的茅棚。他看到里面有一盏油灯,于是用身上仅存的一根火柴点燃了油灯,拿出书来正准备读。但是一阵风忽然把灯吹灭了,四周立刻漆黑一片。这位孤独的老人陷入了黑暗之中,他对人生感到痛苦和绝望,甚至想到了结束自己的生命。但是,立在身边的猎狗给了他一丝慰藉,他无奈地叹了一口气,沉沉睡去。

第二天醒来，他忽然发现心爱的猎狗也被人杀死在门外。抚摸着这只相依为命的猎狗，他突然决定要结束自己的生命，世间再没有什么值得留恋的了。于是，他最后扫视了一眼周围的一切。这时，他发现整个村庄都沉寂在一片可怕的寂静之中。他不由急步向前，啊，太可怕了，尸体，到处是尸体，一片狼藉。显然，这个村子昨夜遭到了匪徒的洗劫，整个村庄一个活口也没留下来。

看到这可怕的场面，老人不由心念急转，啊！我是这里唯一幸存的人，我一定要坚强地活下去。此时，一轮红日冉冉升起，照得四周一片光亮，老人欣慰地想，我是这里唯一的幸存者，我没有理由不珍惜自己。虽然我失去了心爱的猎狗，但是，我得到了生命，这才是人生最宝贵的。

老人怀着坚定的信念，迎着灿烂的朝阳又出发了。

小故事大道理

得到了的未必就会永远地拥有，而失去了也未必就会再也得不到。人生就是得与失相互转化的过程，看清得失的关系，才会活得更加轻松。

射箭和倒油的关系
◇佚名

[相信就是强大，怀疑只会抑制能力，而信仰就是力量。
——佚名]

宋朝有个叫陈康肃的人，十分擅长射箭。他能够在百步开外射中杨树的叶子，这样的射技举世无双，再没有第二个人能够比得上，陈康肃对自己的本领很是自负。

有一次，陈康肃在自家后花园的场地上练习射箭，引来很多人围观。有一位卖油的老头儿挑着担子经过，也停了下来，放下担子，斜着眼睛看陈康肃射箭，很久都没有离开。

陈康肃的箭术果然名不虚传，射出的箭十次有八九次都能射中靶心。旁边围观的人们大声喝彩，手心都拍红了，只有那位卖油的老头儿，仍用斜眼瞅着，只稍微点了下头。陈康肃见老头儿似乎有点看不上他射箭的技艺，又生气又不服气，就放下弓箭走过去问老头儿说："你也懂得射箭吗，难道你认为我射箭的技术还不够精湛吗？"

老头儿平静地回答说："我觉得这也没啥了不起的，只不过你

练得多了，手熟而已。"

陈康肃终于发怒了，质问道："你怎么敢如此贬低我的绝技！"老头儿也不急，不慌不忙地说："我是从我多年来倒油的技巧中懂得这个道理的。我就演示给你看一看吧。"

说完以后，老头儿把一个葫芦放在地上，又取出一枚圆形方孔的铜钱盖在葫芦嘴上，然后他用一把油瓢从油桶里舀了一满瓢的油，再将瓢里的油向盖着铜钱的葫芦嘴里倒。只见那油成细细的一线流向葫芦嘴，均匀不断。等油倒完了，把铜钱拿下来细细验看，竟然连一点油星子都没有沾上。在人们的一片啧啧称奇声中，卖油翁笑了笑，说道："我这点雕虫小技也没有什么了不起的，不过是手熟而已。"

陈康肃看完了表演以后笑了起来，客客气气地把卖油翁送走了。

小故事大道理

熟能生巧，可以说是"坚持"的延伸。不论做什么事情都要坚持，光靠勤奋是远远不够的，树立了正确的立场，明确了前进的方向，那就坚持吧！总有一天你会发现，成功已经被你牢牢地攥在手里了。

小黄鹂与新翅膀 ◇佚名

> 伟人之所以伟大，是因为他与别人共处逆境时，别人失去了信心。
> ——佚名

在广袤的大森林里，住着一只小黄鹂，它爱说爱笑，是大森林里的"开心果"，大家都很喜欢它。

一天，森林里来了很多人，小黄鹂被一个孩子用气枪打中了。一瞬间，它左边的翅膀便流出了一大片鲜血……

从那以后，小黄鹂的翅膀不能煽动了，而它也只能躲在家里。没有翅膀的保护，它随时都可能面临危险。小黄鹂伤心极了，它不再说话，不再唱歌，也不再露出笑脸……

"孩子，不要这样，我们大家会帮助你的！"喜鹊大婶劝慰它。

"是啊，一切都会好起来的。"杜鹃阿姨也来了。

"小黄鹂姐姐，你要赶快好起来呀！"八哥弟弟特地从森林的另一边飞来看望它、鼓励它。

时间一天天过去了，小黄鹂始终没有走出家门，因为它还无法接受失去翅膀的残酷现实。很快，一年一度的鸟类大会开始了，苍

鹰爷爷从外面赶了回来,很希望能见小黄鹂一面。于是,大家一起去请小黄鹂,谁知,大家还没有动身,小黄鹂就出现了。

"啊,小黄鹂来了!小黄鹂来了!"大家高兴地叫着。

"哦,我可怜的孩子,我会向上天祈求让你再拥有一只美丽的翅膀。"苍鹰爷爷怜惜地说。

小黄鹂笑了,它平静地说:"苍鹰爷爷,谢谢您!不过,我不会向上帝祈求有一只新的翅膀,而是请求它告诉我以后如何快乐地去生活。"

听了小黄鹂的话,大家都知道,大森林里又有了"开心果"啦!

小故事大道理

我们的心情时好时坏,就像一个人的一生一样,会有顺利的人生际遇,当然也会有坎坷的经历,关键是要用积极的心态来面对生活赋予我们的一个个精彩的瞬间。不论它是好的还是坏的,都要当作人生的风景,而有些风景却是值得我们用一生珍藏的。

下一次更好
◇佚名

> 那些尝试去做某事却失败的人，比那些什么也不尝试做却成功的人不知要好上多少。
> ——佚名

青蛙波波是河塘社区的跳远名人，年年都是跳远冠军。这不，新的跳远大赛即将到来，河塘社区的记者飞飞鸟来到了波波家采访它。

"波波，你获得了这么多次的跳远冠军，你最好的成绩是哪一次？"飞飞鸟一边提问，一边忙着在笔记本上写这写那。

这个问题问得有些尖锐了，飞飞鸟以为波波一定左右为难，不好回答，谁知，青蛙波波却果断地回答道："下一次！"

"下一次？"飞飞鸟感到异常惊讶，"下一次还没来到呢！"

"对，是下一次。"青蛙波波又笑了，而且脸上充满了自信，"大记者，以前的成绩不管怎样，都已经过去了，那不应该是我骄傲自满的借口和

理由，你说呢？"

飞飞鸟点了点头。

"波波，你说得没错。"飞飞鸟用钦佩的眼光望着波波，"你这种'胜不骄、败不馁'的精神真值得我们大家学习。"

"哈哈！"波波大笑起来，"其实，我也经历过失败，而失败的原因正是自己的骄傲和满足，所以我就告诉自己，下一个目标永远都是自己不断追求的，不能因为已经取得的成绩而沾沾自喜，那样肯定会再摔倒。"

离开波波家后，飞飞鸟的心里一直有种说不出的感觉，它要将波波所说所做的一切都写进自己的文章里，让其他动物都能够从中得到更多的感悟和收获。

小故事大道理

骄傲自满是最可怕的，它会阻碍一个人的进步。纵使还有可以上升的空间，可是骄傲一出现，满于现状的轻浮的心就开始躁动不安了。"下一次会更好"，这不仅是小青蛙对自己的勉励，也是对我们自己的勉励。

真正的人才不怕竞争

◇佚名

[世上没有绝望的处境，只有对处境绝望的人。
——佚名]

　　一心大师刚剃度的时候，在法门寺修行。法门寺是个香火鼎盛、香客络绎不绝的名寺，每天晨钟暮鼓，香客如流。一心大师想静下心神，潜心修身，但法门寺法事应酬太繁杂，自己虽青灯黄卷苦苦习经多年，但谈经论道起来，仍然远不如寺里的许多僧人。有人劝一心说："法门寺是个名满天下的名寺，水深龙多，纳集了天下的许多名僧，你若想在僧侣中出人头地，不如到一些偏僻小寺中阅经读卷，这样，你的才华便会很快光芒毕露了。"

　　一心自忖良久，觉得这话很对，便决意辞别师父，离开这喧喧嚷嚷、高僧济济的法门寺，寻一个偏僻冷落的深山小寺去。于是，一心就打点了经卷、包裹，去向方丈辞行。

　　方丈明白一心的意图后，问他："烛火和太阳哪个更亮些？"

　　一心说："当然是太阳了。"

　　方丈说："你愿做烛火还是太阳呢？"一心不假思索地回答

道："我当然愿做太阳！"

方丈微微一笑说："我们到寺后的林子里去走走吧。"

法门寺后是一片郁郁葱葱的松林。方丈将一心带到不远处的一个山头上，这座山头上树木稀疏，只有一些灌木和零星的三两棵松树，方丈指着其中最高大的一棵说："这棵树是这里最大最高的，可它能做什么呢？"

一心围着树看了看，这棵松树乱枝纵横，树干又短又扭曲，便说："它只能做煮粥的劈柴。"

方丈又信步带一心到那一片郁郁葱葱密密匝匝的林子中去，林子遮天蔽日，棵棵松树秀颀、挺拔。方丈问道："为什么这里的松树每棵都这么修长、挺直呢？"

一心说："都是为了争着承接天上的阳光吧！"

方丈郑重地说:"这些树就像芸芸众生啊,它们长在一起,就是一个群体,为了一缕阳光、一滴雨露,它们都奋力向上生长,于是它们棵棵都能成为栋梁。而那远离群体零零星星的三两棵,一团一团的阳光是它们的,许许多多的雨露是它们的,在灌木中它们鹤立鸡群。没有树和它们竞争,所以,它们就成了薪柴啊。"

一心听了,思索了一会儿,惭愧地说:"法门寺就是这片莽莽苍苍的大林子,而山野小寺就是那棵远离树林的树了。方丈,我不会再离开法门寺了!"

在法门寺这片森林里,一心苦心潜修,后来,终于成为一代名僧。

小故事大道理

一个人的成长是不能脱离集体的,在集体里才会显现出个人的价值。尽管集体里会有竞争,可是竞争存在的价值正是"适者生存",只有在这样的环境里,你才会向上、进步、发展。

压力与动力

◇佚名

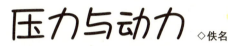

> 在真实的生命里，每桩伟业都由信心开始，并由信心跨出第一步。
> ——佚名

一个年轻人坐在窗边的桌子前奋笔疾书。他的母亲端来一杯咖啡，放在桌上，叹了一口气说："孩子，你应该去做生意，这样生活会好一点，毕竟，写作也不是长久之计……"

年轻人停下笔，望着窗外出神。他多么希望有人能提供他一年的生活费用，这样他就能够安稳地写作了。然而没有人愿意为他提供这样的条件，所以他只能在写作和经商之间进行选择。

家里的经济条件让他不得不选择了经商。他先是办了不少厂子，但没有一家能够成功；他与出版商合作，经营书籍，但也失败了；他又办了铸字厂和印刷厂，但这两家厂先后倒闭，而且欠下的巨额债务足以让他还五十年！

为了偿还债务，他不得不卖字求生。他发疯似的写，一年之内写出了三部小说。但令人失望的是，那些书反响平平，销售并不理想。

"这么多的债务,而且写作也不成功,是不是该放弃呢?"这个年轻人想。但当他看到书桌前拿破仑的画像时,又似乎得到了鼓励,告诉自己继续写下去——白手起家、意志坚强的拿破仑是他的偶像,他希望自己能像拿破仑一样坚强!

他开始努力地创作小说。他一天只睡四五个小时,喝大量的咖啡提神。为了让自己的文字尽快变成金钱偿还债务,每天早餐之后,他都把手稿送到印刷厂。

这位年轻人在五十岁之前的生活几乎全是为债务而发疯似的写作。在后来的二十年内,他创作了一百多部小说,其中包括后来的传世之作《人间喜剧》和《高老头》。他就是法国著名作家巴尔扎克——一个因为债务而成了伟大作家的人!

小故事大道理

压力与动力是一个顺承的关系,有压力,才会激发出一个人的斗志,这样在做一件事情的时候就有了足够的动力。良好的动力就像是一个助推器,可以更好地加快一个人的进步。

第四辑
被馈赠的机会

> 他得到帮助，是因为他无比的诚实和热心，对别人委托事情的认真和执着的态度，以及奉献精神，感动了接受过他帮助的富人，而他的这种精神和品质正是成就事业所必不可少的。

现在就出发 ◇德隆

> 学非有碍于思，而学愈博则思愈远；思正有功于学，而思之困则学必勤。
> ——王夫之

安东尼·吉娜是目前美国纽约百老汇中最年轻、最负盛名的年轻演员，她曾在美国著名的脱口秀节目《快乐说》中讲述了她的成功之路。

几年前，吉娜是大学里艺术团的歌剧演员。在一次校际演讲比赛中，她向人们展示了一个最为璀璨的梦想：大学毕业后，先去欧洲旅游一年，然后要在纽约百老汇中成为一名优秀的主角。

当天下午，吉娜的心理学老师找到她，尖锐地问道："你今天去百老汇跟毕业后去有什么差别？"吉娜仔细一想："是呀，大学生活并不能帮我争取到百老汇的工作机会。"于是，吉娜决定一年以后就去百老汇闯荡。

这时，老师又冷不丁地问她："你现在去跟一年以后去有什么不同？"吉娜苦思冥想了一会儿，对老师说，她决定下学期就出发。

老师紧追不舍地问:"你下学期去跟今天去,有什么不一样?"吉娜有些晕眩了,想想那个金碧辉煌的舞台和那双在睡梦中萦绕不绝的红舞鞋……她终于决定下个月就前往百老汇。老师乘胜追击地问:"一个月以后去,跟今天去有什么不同?"吉娜激动不已,她情不自禁地说:"好,给我一个星期的时间准备一下,我就出发。"老师步步紧逼:"所有的生活用品在百老汇都能买到,你一个星期以后去和今天去有什么差别?"

吉娜终于双眼盈泪地说:"好,我明天就去。"

老师赞许地点点头,说:"我已经帮你订好明天的机票了。"

第二天,吉娜就飞赴到全世界的艺术巅峰——美国百老汇。当时,百老汇的制片人正在酝酿一部经典剧目,几百名各国艺术家前去应征主角。按当时的应聘步骤,是先挑出十个左右的候选人,然后让他们每人按剧本的要求演绎一段主角的念白。这意味着要经过百里挑一的两轮艰苦角逐才能胜出。

吉娜来到纽约后,并没有急于漂染头发、买漂亮的衣服,而是费尽周折地从一个化妆师手里要到了将要排演的剧本。这以后的两天中,吉娜闭门苦读,悄悄演练。正式面试那天,吉娜是第四十八个出场的。当制片人要她说说自己的表演经历时,吉娜粲然

一笑,说:"我可以给您表演一段原来在学校排演的剧目吗?就一分钟。"制片人首肯了,他不想让这个热爱艺术的青年失望。

而当制片人听到传进自己耳膜里的声音,竟然是将要排演的剧目对白,而且面前的这个姑娘感情如此真挚,表演如此惟妙惟肖时,他惊呆了!他马上通知工作人员结束面试,主角非吉娜莫属。

就这样,吉娜来到纽约的第一天就顺利地进入了百老汇,穿上了她人生中的第一双红舞鞋。生活就是这么不可思议。很多人只知道把自己的理想定得比天还高,却从来不肯把理想付诸行动。将来的机会并不比现在多,既然将来的条件并不比现在好多少,为什么不现在就出发呢?

一张地图,不论多么详尽,比例多么精确,它永远不可能带着看它的人在地面上移动半步。只有行动才能使你实现心中的梦想,只有行动才是达到目标的唯一途径。

小故事大道理

拥有梦想,就像是在海边的悬崖上眺望那虚无缥缈的蓬莱仙境,无论你如何赞叹与憧憬,那仙境就在那里。它不会因为你的渴望而向你移动哪怕一点点。只有从现在做起,一步步向着梦想迈进,总有一天,你会发现已经置身于仙境里,而不用再眺望叹息。

纸和纸篓

◇佚名

> 有所作为是"生活中的最高境界"。
> ——恩格斯

晶晶和圆圆是两个爱画画的孩子,他们的父母都很支持他们继续画画,于是,晶晶和圆圆的妈妈分别送了一份礼物来鼓励自己的孩子。

晶晶的妈妈给了儿子一叠纸、一捆笔,还有一面墙,并告诉他:"以后,你的每一张画都要贴在这面墙上,给所有来我们家的客人看。"

圆圆的妈妈送给儿子的礼物有些奇怪。她也给儿子一叠纸和一捆笔,但最后一件不是一面墙,而是一个纸篓。圆圆的妈妈说:"孩子,从今天开始,你画的每一张画都要扔在这个纸篓里,无论你对它满意还是不满意。"圆圆疑惑地望着妈妈,

但他还是接受了妈妈的话。

就这样，三年后，晶晶举办了自己的画展：一墙的画，色彩鲜亮，构图完整，得到的是人们一次又一次的赞扬。圆圆也很想举办自己的画展，但是，他根本没法展览自己的画，因为他画的所有画，都丢进了妈妈送他的那个纸篓。一纸篓的画，满了就倒掉，所有的人都只看到他手头上尚未画完的那一张。

时间不会停止，三十年后，画坛出现了一位杰出的画家——圆圆！这个时候，人们对晶晶一墙一墙展览出来的画已经不感兴趣了。为什么呢？原因很简单，从晶晶小时候举办那次画展以后，他的画就始终如一，从来没有进步过。此时，圆圆的画横空出世，震惊了整个画坛。

于是，人们把晶晶贴在墙上的画揭下来，扔进了纸篓，又把圆圆扔在纸篓的画拾出来，贴在了墙上。

小故事大道理

固守在自己的小小荣耀里不能自拔，进步就无从谈起。任何人都有他的辉煌史，淡化曾经那些小小的成功，才会有将来人生无数闪光的亮点。成功是循序渐进的过程，一旦你选择了骄傲，它就会与你失之交臂。

乌鸦兄弟

◇佚名

[奋斗、搜寻、发现，而不要放弃。
——丁尼生]

　　乌鸦兄弟俩同住在一个巢里。不幸的是，它们居住的这个巢破了一个洞。由于洞很小，乌鸦兄弟谁都没有去理会。可是，随着时间的推移，巢上的洞变得越来越大。

　　于是，乌鸦哥哥心想："洞这么大了，老二会修的。"同样，乌鸦弟弟想："我是弟弟，老大应该照顾我、照顾这个家，老大一定会去修那个洞的。"结果，两只乌鸦都在揣测对方的心理，谁都没有去修理破洞，洞就变得越来越大了。这时，乌鸦哥哥想："这下老二一定会去修了，难道巢这样破了它还能住吗？"谁知，乌鸦弟弟也是同样的想法："这下老大一定会去修了，难道巢破成了这样，它还能继续住下去吗？"

　　结果可想而知，两个家伙又是谁也没去修理破洞。

　　可是，时间不等人。严寒的冬天到来了，西北风呼呼地刮着，大雪纷纷地飘落。乌鸦兄弟俩都蜷缩在破巢里，哆哆嗦嗦地叫

着:"冷啊!冷啊!"

看着白雪纷飞的寒冷世界,乌鸦哥哥想:"这样冷的天气,老二一定耐不住,它会去修巢的。"乌鸦弟弟却想:"这样冷的天气,老大还能耐得住吗?它年纪比我大,身体比我差,一定熬不住的,自然会去修啦!"

然而,到了最后,乌鸦兄弟谁也没动手去修巢上那个洞,只是把各自的身子蜷缩得更紧了。风越刮越凶,雪也越下越大,一阵狂风吹过,巢被吹落到了雪地上,两只乌鸦都被冻僵了。

小故事大道理

乌鸦兄弟造成这样的悲剧,很大程度上就是因为两个兄弟都不知道什么是责任,相互推脱。人生会面临很多的困难,如果只是一味地闪躲,那么生活又该怎样继续下去呢?困难都是暂时的,只要努力去解决,未来一定是美好的。

森林之王的转变 ◇佚名

[人生就像爬坡，要一步一步来。
——丁玲]

有一天，被称为森林之王的狮子来到了天神面前："我很感谢你赐给我如此雄壮威武的体格，如此强大无比的力气，让我有足够的能力统治这整片森林。"

天神听了，微笑地问："但是这不是你今天来找我的目的吧！看起来你似乎为了某件事而困扰呢！"

狮子轻轻吼了一声，说："天神真是了解我啊！我今天来的确是有事相求。因为尽管我很有能力，但是每天鸡鸣的时候，我总是会被鸡鸣声给吓醒。神啊！祈求您，再赐给我一个力量，让我不再被鸡鸣声给吓醒吧！"

天神笑道："你去找大象

吧，它会给你一个满意的答复的。"

狮子兴冲冲地跑到湖边找大象，还没见到大象，就听到大象跺脚所发出的"砰砰"响声。

狮子加速地跑向大象，却看到大象正气呼呼地直跺脚。

狮子问大象："你干吗发这么大的脾气？"

大象拼命摇晃着大耳朵，吼着："有只讨厌的小蚊子，总想钻进我的耳朵里，害我都快痒死了。"

狮子离开了大象，心里暗自想着："原来体形这么巨大的大象，还会怕那么瘦小的蚊子，那我还有什么好抱怨的呢？毕竟鸡鸣也不过一天一次，而蚊子却是无时无刻不骚扰着大象。这样想来，我可比它幸运多了。"

狮子一边走，一边回头看着仍在跺脚的大象，心想："天神要我来看看大象的情况，应该就是想告诉我，谁都会遇上麻烦事，而他并无法帮助所有人。既然如此，那我只好靠自己了！反正以后只要鸡鸣时，我就当作鸡是在提醒我该起床了，如此一想，鸡鸣声对我还算是有益处呢！"

小故事大道理

如果你发现这个世界和你想象的不一样，不要去抱怨。因为这个世界本来就不只属于你一个人。我们能做的只有适应这个社会，然后，努力让自己更加出色。

蜘蛛与蚕 ◇佚名

> 路是脚踏出来的,历史是人写出来的,人的每一步行动都在书写自己的历史。
> ——吉鸿昌

一天,蜘蛛正在老桑树上结网,不一会儿,一张美丽又牢靠的捕虫网结成了,它摊开手脚,躺在网上休息。

忽然,一阵沙沙的响声传来,蜘蛛四处一看,原来有条蚕在吃桑叶。"你这个坏家伙,为什么吃桑叶?"蜘蛛冲着蚕大声喝道,"我在捕捉害虫、保护桑树,你却吃桑树的叶子!""可我不是害虫,"蚕慢吞吞地分辩道,"我不吃桑叶怎么吐丝呢?""在我看来,凡是损害树木枝叶的害虫都是我的敌人!"蜘蛛腆起胸脯,威严地说,"我知道你和别的害虫不同,你会吐丝,可你吐丝非吃桑叶吗?我不吃桑叶,不是同样能抽丝?"蚕仍然慢吞吞地说:"你会抽丝,我会吐丝,但我们的丝不一样……"

"住口!"蜘蛛愤怒地打断了蚕的话,"你吐丝是为了给自己做坟墓,你是个自私自利的家伙!""不对!"温和的蚕被激怒了,它理直气壮地说,"我吐丝做茧不是为了死,而我死正是为了

吐丝做茧！"

两个吵得不可开交，老桑树搭话了，它对蜘蛛说："你不能只讲一面理。你为我服务，我很感谢，但我的叶子就是为蚕服务的，而蚕也不是为自己，是为人类服务的！"

时间一天天过去了，蚕开始日夜不停地工作，吐出很多又细又长的丝，慢慢地将身子缚起来……蜘蛛眼看着蚕变成了蚕茧，又眼看着农民将蚕茧拿走，织成绸缎，做成漂亮的衣服。

至此，蜘蛛完全明白了，它很后悔当初对蚕说那些无礼的话，可是，它想向蚕道歉却已经来不及了。

小故事大道理

每个人在这个社会上都有不同的角色和分工，不能随便对别人的社会分工妄加评价或者排斥。正因为有不同的分工，这个世界呈现给我们的东西才是不同的，才是精彩的！

医　术　◇张口

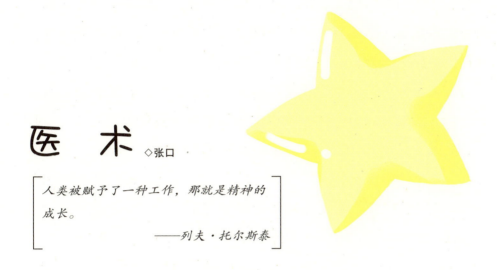

> 人类被赋予了一种工作，那就是精神的成长。
> ——列夫·托尔斯泰

　　王会擅长针灸，不管什么疑难杂症，一针下去，往往都能针到病除，因此被称为王神针。

　　王会之所以用针如神，跟他勤学苦练是分不开的。小时候，他被蚊虫叮咬，从不用手拍，就练习用针扎。一开始，蚊子没扎到，自己却被针扎得鲜血淋漓，可三五年后，他却达到了一个新的境界，只要听到蚊子的嗡嗡声，看也不看，随手拿起飞针，一针下去，蚊子就被钉在了墙上。

　　有人说，除了绝症，没有什么王会治不了的病。然而这句话很快就失灵了，王会七岁的孙儿一直高烧不退，王会治了好几回，都没治好。家人急，王会自个儿也急。

　　却说这天，有位中年人带着一位小孩上门求诊，这孩子围着面巾，赤裸着身体露出全身要穴。中年人解释道，小孩子得了奇怪的病，一直高烧不退，脸上还长满了恶心的小红点，有的伤口甚至开

始化脓了,他怕吓着王神针,所以用布蒙着孩子的脸。

王会略一把脉就知道这是心火太热所致,只要用针放放血,逼出体内的热毒,自然就好了。他取出针,看也不看,就准确无误地将针扎进男孩周身要穴。没过多久,男孩的烧就退了下来。

看完病,王会回到屋子里,百般诧异:这小孩的病情跟自己孙子的病情差不多,为什么孙子的病自己就治不好呢?

正说着,儿媳妇笑盈盈地抱着孙儿回来了。儿媳妇笑着道"爹,光儿的高烧退了。"

王会上前一摸,可不是吗?高烧早已退去。王神针难以置信地问道:"怎么可能,居然有人这么轻松就治好了,"

这时,门外走进早上来看病的那位中年男子。他说:"确实不可能,因为这病就是你自己治好的。早上你儿媳妇抱着孙儿来找我看病,我看孩子的病很严重,我知道只有你能治好他,所以就抱着孩子来了。因为你对自己的孩子下不了手,你知道你所扎的都是周身要穴,万一有个偏差后果会很严重,就指望着药物治疗,但又担心药物有副作用,不敢用猛药,所以病情越来越重。"王会不服道:"那我为什么治好了那么多人?"中年男子笑道:"你想想那些人中有哪个

是你至亲之人？"

王会猛然醒悟："难怪我的恩师说，医者最高境界就是医人医己，有些医生自己医术高超，却救不了自己和亲人，正是因为私心太重，反而害了自己，只有做到心无杂念才能到达医术的巅峰。"

小故事大道理

无论做什么事情，都要摆正心态。私心，或许只会让你在短时间内可以图一时之快，可是时间久了一定会"终害己"。心无杂念，超脱的自然心态才会让你事有所成。

将赏罚置之度外

◇佚名

> 自觉心是进步之母,自贱心是堕落之源,故自觉心不可无,自贱心不可有。
> ——邹韬奋

从前有一位神射手,名叫后羿。他练就了一身百步穿杨的好本领,立射、跪射、骑射样样精通,而且箭箭都射中靶心,几乎从来没有失过手。人们争相传颂他高超的射技,对他非常敬佩。

夏王从左右的嘴里听说了这位神射手的本领,也目睹过后羿的表演,十分欣赏他的功夫。有一天,夏王想把后羿召入宫中来,单独给他一个人演习一番,好尽情领略他那炉火纯青的射技。

于是,夏王命人把后羿找来,带他到御花园里找了个开阔地带,叫人拿来了一块一尺见方,靶心直径大约一寸的兽皮箭靶,用手指着说:"今天请先生来,是想请你展示一下你精湛的本领,这个箭靶就是你的目标。为了使这次表演不至于因为没有竞争而沉闷乏味,我来给你定个赏罚规则:如果射中了的话,我就赏赐给你黄金万两;如果射不中,那就要削减你一千户的封地。现在请先生开始吧。"

后羿听了夏王的话,一言不发,面色变得凝重起来。他慢慢走到离箭靶一百步的地方,脚步显得相当沉重。然后,后羿取出一支箭搭上弓弦,摆好姿势拉开弓开始瞄准。

想到自己这一箭出去可能发生的结果,一向镇定的后羿呼吸变得急促起来,拉弓的手也微微发抖,瞄了几次都没有把箭射出去。后羿终于下定决心松开了弦,箭应声而出,"啪"的一下钉在离靶心足有几寸远的地方。后羿的脸色一下子白了,他再次弯弓搭箭,精神却更加不集中了,射出的箭也偏得更加离谱。

后羿收拾弓箭,勉强陪笑向夏王告辞,悻悻地离开了王宫。夏王在失望的同时掩饰不住心头的疑惑,就问手下道:"这个神箭手

后羿平时射起箭来百发百中，为什么今天跟他定下了赏罚规则，他就大失水准了呢？"

手下解释说："后羿平日射箭，不过是一般练习，在一颗平常心之下，水平自然可以正常发挥。可是今天他射出的成绩直接关系到他的切身利益，叫他怎能静下心来充分施展技术呢？看来一个人只有真正把赏罚置之度外，才能成为当之无愧的神箭手啊！"

小故事大道理

平常心是做好事情的根本。只有放宽心态，做什么事都不过分计较个人得失，才会取得成功。

爱因斯坦的镜子
◇周循

> 喷泉的高度不会超过它的源头，一个人的事业也是这样，他的成就绝不会超过自己的信念。
> ——林肯

爱因斯坦小时候是个十分贪玩的孩子。他的母亲常常为此忧心忡忡，母亲的再三告诫对他来讲如同耳边风。直到十六岁的那年秋天，一天上午，父亲将正要去河边钓鱼的爱因斯坦拦住，并给他讲了一个故事，正是这个故事改变了爱因斯坦的一生。

故事是这样的："我和咱们的邻居杰克大叔清扫南边工厂的一个大烟囱。那烟囱只有踩着里边的钢筋踏梯才能上去。你杰克大叔在前面，我在后面。我们抓着扶手，一阶一阶地终于爬上去了。下来时，你杰克大叔依旧走在前面，我还是跟在他的后面。后来，钻出烟囱，我发现一个奇怪的现象：你杰克大叔的后背、脸上全都被烟囱里的烟灰蹭黑了，而我身上竟连一点烟灰也没有。"

爱因斯坦的父亲继续微笑着说："我看见你杰克大叔的模样，心想我肯定和他一样，脸脏得像个小丑，于是我就到附近的小河里去洗了又洗。而你杰克大叔呢，他看见我钻出烟囱时干干

净净的，就以为他也和我一样干净呢，于是就只草草洗了洗手就大模大样上街了。结果，街上的人都笑痛了肚子，还以为你杰克大叔是个疯子呢！"

爱因斯坦听罢，忍不住和父亲一起大笑起来。父亲笑完了，郑重地对他说："其实谁也不能做你的镜子，只有自己才是自己的镜子。拿别人做镜子，白痴或许会把自己照成天才的。"爱因斯坦听了，顿时满脸愧色。

爱因斯坦从此离开了那群顽皮的孩子。他时时用自己做镜子来审视和映照自己，终于映照出他生命的熠熠光辉。

小故事大道理

每个人的心中都有一面"镜子"，它好似照亮我们心灵的明灯。当我们对未来充满迷茫，或是遇到挫折的时候，不妨看看这盏灯，它会为我们指引正确的方向。

三个人爬山
◇陈金山

> 如果你因为错过太阳而流泪，那么你也要错过群星了。
> ——泰戈尔

有那么三个人，共同去爬一座很高很高的山。他们正像人们说的那样：各人有各人的作风。

那第一个人，喜欢爬一步回头看一步。他很清楚自己在做什么，也相当看重自己的成绩，所以他随时都想知道自己究竟已经爬到了什么地方。这样，他爬了一段，觉得的确已经很高了，心里想道："大概离山顶也差不多了吧。"就仰起头来向上看看，可是山顶简直连看都还看不见呢。这个人忽然觉得很无聊，好像自己是在做些毫无意义的事情。他说："我爬了这么半天，还是在山脚，那么我什么时候才能爬到山顶啊？既然如此，我又爬它干什么！不如及早回头吧。"所以他就回头下山了。

那第二个人，一口气就爬到了半山腰。这真是不容易，不但别人羡慕他，就是他自己也有点惊讶自己会爬得这样快。所以他就坐了下来，向山脚下看看，也向山顶上看看，心里着实有些满意。他

说:"乖乖,我一下子就爬到了半山腰!总还算不错吧。然而我已经爬得这样多了,也够辛苦的,说到功绩,我自估了一下,也不能算少。那么,这以后的半山,我就是要你们用小轿子来抬,也不算过分吧?这点资格,我是应该有的。"这话并非开玩笑,他是真的这样想,并且这样做了。所以他老坐着休息,等人家用小轿子去抬了他上山顶。可惜似乎并未有人去抬他,假如他自己没有上山去或下山来,也许他今天都还坐在那儿等呢!

只有那第三个人,似乎是一个平平常常的人。大概因为他是平常人吧,他觉得爬山可并不是那么容易,然而也并不太艰难,而以为别人能够爬,他也就能够爬,所以不必把自己看得一无是处,也不必忽然又把自己看得如何如何了不起。

这样,他只是一步一步地爬上去,也就一步一步地接近那山顶,而最后,他真的爬上了山顶。

小故事大道理

有的人很自卑,觉得成功离自己太遥远;有的人取得一点小成绩就沾沾自喜,还一定要得到别人的赞赏;而有的人不自卑也不自负,踏实勇敢地走向成功。只有最后一种人的心态才是值得我们学习的。

长达半天的快乐

◇张铭书

> 人生在勤，不索何获。
> ——张衡

苏珊在一个偏僻的街区租了一间小小的阁楼住了下来。在那间阴暗狭窄而又潮湿的房间里，那一刻，她觉得幸福极了！然而，她的幸福也仅仅持续了半天时间。苏珊非常羡慕女同学罗琳，羡慕罗琳能住在那样一栋带阁楼的房子里。

罗琳是一位帮富人剪草坪的工人的女儿。苏珊经常想起去年到罗琳家过生日的情景。

那天她们玩得晚了，她就睡在罗琳的屋子里。那是一间小小的阁楼，低矮得一伸手就能摸到屋顶。她们两人都没有睡意，罗琳就打开衣柜，向苏珊展示自己的衣服。罗琳是刚移民过来的，属于另一个民族，所以她的衣服虽然面料不太好，做工也很粗糙，但样式都非常特别。苏珊好奇地一件件在身上试，罗琳屋子里没有镜子，苏珊就让这位女同学来评判穿在身上的效果。罗琳还会自己配香水，这是她以前住在丛林里时跟妈妈学到的本事。苏珊往身上洒了

一些。

那晚，苏珊开心极了，临近天明时才睡。

苏珊想，罗琳多么幸福啊，她在自己的家里，想穿什么衣服就穿什么衣服，想怎么笑就怎么笑，笑得再响也没人责备。还可以把朋友们请到家里开Party，尽情地玩闹。而这些，自己却全都做不到。

苏珊自从一年前搬进现在的这个新家后，就失去了她往日的自由，感觉非常失望。无论走到哪里，身边总有人跟着她，几乎形影不离，监视着她的一举一动。

她觉得自己像生活在一个透明的玻璃盒子里，非常不自在。那些人名义上在保护她，实际上却在侵犯她，像一群冷酷的狱卒。

苏珊在家里时，笑得响一些却被告知，这和她的身份有多么不符。她想穿一件蓝色牛仔裤，也立刻会招来别人的批评。过生日时，她想把同学们请来热闹热闹，正好同学们也想见识一下她的新家，但是，却被冷冰冰地拒绝了。她想独自一人去看场橄榄球赛，那更是绝对不允许的。

苏珊觉得这样的生活没意思透了！

苏珊开始对这个新家充满憎恶，觉得它实在像一座监狱。暑假里，她默默地酝酿了一个计划，决定从这座"监狱"中逃出去。

但身边的人对她跟得很紧，怎么办呢？

一天，她从家里出来，进了附近的一个公共厕所。那些跟着她的男人守在门外。她从包里取出一套早已准备好的衣裙换上，戴上火红的假发，又戴上一副大墨镜，然后趁着人多的时候，混出了厕所的大门。门外的那几个笨蛋竟然没有察觉，这让她兴奋极了！她立即飞奔到路旁，打了一辆出租车，成功地逃离了那个她眼中的监狱。

苏珊身上没有多少钱，就在一个偏僻的街区租了一间小小的阁楼住下来。这时她想：我终于可以像罗琳那样快乐地生活了。

那一刻，在那间阴暗狭窄而又潮湿的房间里，她觉得幸福极了！

然而，她的幸福也仅仅持续了半天的时间，那些跟着她的人很快找到了她。她只得沮丧地回到刚刚逃出来的那个家。

这个叫苏珊的女孩，是美国第38任总统杰拉尔德·福特的女儿，她拼命想逃脱的那个家的名字叫白宫。

小故事大道理

有句话是这样说的："上帝在给你关上一扇门的同时也会给你打开一扇窗。"并不是拥有了金钱和地位就拥有了快乐。事实上"若为自由故，一切皆可抛"。快乐是生活的主旨，拥有快乐的人才是最幸福的。

被馈赠的机会

◇赵鸿祥

> 自暴自弃，这是一条永远腐蚀和啃噬着心灵的毒蛇，它吸走心灵的新鲜血液，并在其中注入厌世和绝望的毒汁。
>
> ——马克思

英国的爱特·威廉是一位举国皆知的大商人。但是说来奇怪，爱特·威廉创业初期的一切，竟然全是别人馈赠的。

威廉二十岁的时候，还是一个整日守在河边打鱼的年轻人，根本看不出他的将来会有什么辉煌的成就。一天，一位过河人求助于威廉，原来是过河人的一枚戒指不慎掉进了河里。这河水非常湍急，他请威廉不管怎样，也要到水下帮他摸一摸。

威廉一个上午什么也没干，反反复复一连扎到水下二十几次，但是依然没有摸到那枚戒指。爱特·威廉又找来了全村的男人帮忙。为了摸到这枚戒指，全村的男人竟然又花费了半天的工夫。

过河人事先答应给爱特·威廉一英镑的打捞费，想不到爱特·威廉竟然请来了这么多人，用了这么多时间。这要多少报酬才行？过河人很犯难。谁知，威廉却一点都没提报酬的事，一点没有计较这次打捞戒指的巨大成本。他只是想为过河人解决难题——打捞戒

指，仅此而已。

不久，这位过河人又路过此地，又碰到了威廉。这时的河里已经没有多少鱼好捕了。过河人对威廉说："威廉，你别打鱼了，我给你个打气补胎的活儿，足以养家糊口。"从那以后，威廉便有了一个在路边修补汽车轮胎的活儿。

有一天，一辆小车停在了威廉补胎的小店前，车上的人要找一颗特别的螺钉，否则车就无法行驶。威廉翻遍了自己的小店，也没有找到这样的螺钉。但威廉并不甘心，他骑上自行车，在另一家修车店里，再次翻找了一遍，终于找到了一颗一样的螺钉。

当威廉满头大汗地返回来，并将这颗螺钉安装在对方的车上时，对方拿出了10英镑来感谢威廉，威廉却一分不收。他说这是颗丢在箱底的螺钉，是不值钱的！不久，这辆小车的主人特地赶来，给了威廉一个五金店让他代理经营。威廉很是惊讶，问对方为什么。对方告诉威廉："你是这个世上我所遇到的最诚恳、最值得信

任、最无私，也是最可爱的人。"

威廉这一生总能碰到好运气，别人总是会馈赠他。如今，威廉已经是英国最大的机械制造商。问起他的发家史，他总是说，他一生的事业，一多半都是别人赠送的。

威廉自己不知道，他得到帮助，是因为他无比的诚实和热心，对别人委托事情的认真和执着的态度，以及奉献精神，感动了接受过他帮助的富人，而他的这种精神和品质正是成就事业所必不可少的。

小故事大道理

成功并不是唾手可得的，也不是随便什么人给予你的。获得别人的馈赠，很大程度上是因为诚恳和值得信赖，再加上认真的态度和执着的精神，这所有的一切都是成功的资本。

第五辑
微笑，并保持微笑

<u>其实他早就知道自己的病情，但是他并没有被病魔打败。他坦然地面对疾病，在最坏的处境中保持着自己令人振奋的精神。</u>

感谢羞辱
◇王长思

[成功之花,人们往往惊美它现时的明艳,然而当初,它的芽儿却浸透了奋斗的泪泉,洒满了牺牲的血雨。
——冰心]

格林尼亚生于法国西北的瑟堡,父亲是一家造船厂的老板,整天忙于发财,对子女溺爱有余,管教不足。格林尼亚从小游手好闲,整天浪迹街头,从不把学习放在心上,是一个名副其实的公子哥。由于长相英俊,出手大方,格林尼亚在情场上春风得意,总能讨得异性的欢心,把一个个漂亮的姑娘吸引到身边。

然而在这个世界上,拥有金钱并不意味着就拥有一切,相貌堂堂也未必就能赢得尊重。在一次午宴上,格林尼亚走到出众的美女波多丽面前搭话。与以往每次都获得美人心相反的是,他不但没有赢得波多丽的欢心,反而遭到了一番奚落:"请你走远一点,我就讨厌像你这样的公子哥在眼前晃荡!"

一句充满蔑视的话,如同一把匕首捅在心头。他长期以来呈休眠状的羞耻心一下子惊醒过来。格林尼亚陡然意识到:家庭的富有并非个人的荣耀,要赢得真正的尊重,有赖于用努力去争取。他排遣着无边的懊恼和悔恨，甩掉一身自以为潇洒的轻浮，打起精神走上一条有追求的路。

这年格林尼亚二十一岁，为了摆脱家庭溺爱带来的松懈，他决定换一个生活环境，于是留下一封书信表明心迹说："请不要打听我的下落，相信通过刻苦学习，我一定会干出些成就来的。"

格林尼亚由瑟堡来到里昂，两年修完耽误的全部课程，取得里昂大学插班就读的资格。投入校园的生活，他倍加珍视来之不易的机会，这引起了化学权威巴尔的注意。在名师的指点下，他进行了一系列的实验，很快就发明了格氏试剂，被学校破格授予博士学位。这一消息轰动了法国，也让格林尼亚的父亲很是欣慰。

又付出四年的辛劳，格林尼亚取得了卓越的成绩，1912年被授予诺贝尔化学奖。波多丽得知这一喜讯，在病榻上提笔给他写了一封贺信："我永远敬爱你！"

就这么一句话，让格林尼亚激动万分。他永远感激这位美女当初对他近乎侮辱的训斥。

小故事大道理

尊重都是相互的。不要因为别人的羞辱就从此一蹶不振。羞辱通常会唤起一个人的羞耻心，要把别人的羞辱当作一种勉励。只有积极进取、诚恳、勤奋才会让一个人从此脱离被羞辱的命运，成为一个受尊敬的人。

猴妈妈的财宝

◇佚名

> 人生的价值,并不是用时间,而是用深度去衡量的。
> ——列夫·托尔斯泰

猴妈妈得了重病,快要死了,可它不放心自己的孩子们,希望它们能够继续勇敢快乐地生活下去。

于是,猴妈妈想到了一个办法。它将几个孩子叫到身边,对它们说:"这么多年来,咱们一家靠种葡萄、卖葡萄积攒了一笔财产,只要你们能够让今年的葡萄收成翻两番,妈妈就把那笔财宝交给你们。"

猴宝宝们听了妈妈的话,立刻拿上工具,来到了葡萄园,大刀阔斧地忙了起来。不但如此,它们还轮流值班,看守葡萄园,以防止那些贪吃的鸟儿来偷葡萄。

"哥哥,你看今年的葡萄长得多好!"猴弟弟摸着一串又大又红的葡萄说。

"是啊,估计今年的收成要比往年多好多倍呢,何止翻两番哪!"猴哥哥也感叹道。

"太好了！这可是咱们共同努力的结果，妈妈一定会高兴的！"猴姐姐喜出望外。

"哥哥、姐姐们，我们赶快摘些葡萄给妈妈吃吧。"猴妹妹是妈妈最贴心的孩子。

此时，猴妈妈的病已经越来越严重了，但是，它的心里却感到非常安慰。当猴宝宝们拿着甜甜的葡萄，送到猴妈妈面前时，猴妈妈微笑着说："孩子们，现在妈妈终于可以放心地离开了，而妈妈留给你们的财产就是那个葡萄园哪……"

说完，猴妈妈安详地闭上了双眼，离开了这个世界。

秋天到了，猴宝宝们将葡萄园里的葡萄卖了，得到了一笔数目很大的货款。这时，它们才明白，妈妈所说的"财宝"到底是什么。

小故事大道理

最宝贵的财宝不是堆积如山的真金白银，而是一双能够创造财富的手。猴妈妈留给孩子们的是自食其力的本领，这比任何东西更宝贵、更无价。

放掉那条大鱼

◇佚名

> 先相信你自己，然后别人才会相信你。
> ——屠格涅夫

在一个湖心小岛上，有一座小木屋，十一岁的比尔和他的父亲住在这里，他们经常在岛上钓鱼。

一天傍晚，他跟着父亲去垂钓。他在鱼钩上挂上鱼饵，用卷轴钓鱼竿放钩。鱼饵划破水面，在夕阳的照射下，水面泛起一圈圈涟漪；随着月亮在湖面升起，涟漪化作波光粼粼。

当钓竿弯折成弧形时，他知道一定是有大家伙上钩了。他父亲投以赞赏的目光，看着儿子对付那条鱼，终于，他小心翼翼地把那条精疲力竭的鱼拖出水面。那是条他从未见过的大鲈鱼，趁着月色，父子俩望着那条煞是神气、漂亮的大鱼，它的腮不断张合着。

父亲看看手表，是晚上十点——离钓鲈鱼的时间还有两小时。

"孩子，你必须把这条鱼放掉。"他说。

"为什么？"儿子很不情愿地大嚷起来。

"还会有别的鱼的。"父亲说。

"但不会有这么大。"儿子又嚷道。

他朝湖的四周张望,月光下没有渔舟,也没有钓客。他又央求父亲说:"这里也没有别人,谁也不知道这条鱼是什么时候钓到的。"但是,父亲以不容置疑的口气说:"孩子,现在还没到钓鲈鱼的时间。的确没有别人看见,但我们不能欺骗自己!"比尔被震动了,他只好慢吞吞地从大鲈鱼的唇上取下鱼钩,把鱼放进水中。那鱼摆动着强劲有力的身子没入水里。小男孩心想:我这辈子休想再见到这么大的鱼了。

那是三十四年前的事了。今天,比尔已成为一名卓有成就的建筑师,他永远忘不了父亲给他上的那一课。因为父亲让他明白了:有时在面对眼前的一些诱惑时,只有懂得自制,才不至于做出蠢事。这个道理让他在以后的事业发展上受益匪浅。

小故事大道理

这个世界上有太多的诱惑,如果不懂得控制自己,就会陷入其中而不能自拔。要在正确的时候把自己这无法抵御诱惑的小苗头掐灭,这样才不至于酿成大祸。

孔子学琴

◇佚名

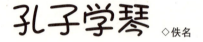

[有些路看起来很近走去却很远，缺少耐心永远走不到头。

——沈从文]

孔子向师襄子学习弹琴，练得十分勤奋。

一天，夕阳已经西下，天色渐渐暗了下来。孔子依然毕恭毕敬地盘坐着，一遍又一遍地弹奏着同一首曲子，兴致勃勃，丝毫没有厌倦的样子。他的老师师襄子对他说："这首曲子，你已经练了足足十天了，可以再学一首新的曲子了！"

孔子站起身来，认真地说："我虽然练了这么长的时间，可只学会了曲谱，还没有真正弄懂其中的技巧啊！"

好多天以后，师襄子看到孔子的指法更加熟练了，乐曲也弹奏得更加和谐悦耳了，便说："你已经掌握了弹奏的技巧，可以再学一首新的曲子了！"

可孔子又说："我虽然掌握了这首曲子的弹奏技巧，可还没有真正领会这首曲子的思想感情呢！"

又过了许多日子，师襄子来到孔子家里听他弹琴。一曲终了，师襄子已经完全被孔子那洋溢着激情的弹奏所吸引，听得出神入化。曲毕，他才深深吸了一口气说："你已经弹奏出了曲子的思想感情，可以再学一首新的曲子了。"

可是，孔子还是像第一次那样认真地回答说："我虽然弹得像点样子了，可我还没有体会出作曲者是一位怎样的人啊！"说完，孔子还像开始学习时那样，一点儿也没有厌倦，毕恭毕敬地盘坐下来，一个音符一个音符地弹奏起来。

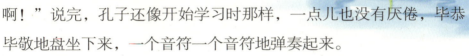

不知又过了多少日子，孔子又邀请师襄子来验听曲子。孔子弹完后，师襄子对他说："功到自然成，这次你应该知道作曲者是谁了吧？"

孔子眼睛一亮，兴奋地说："我已经知道作曲者了。此人魁梧的身躯，黝黑的脸庞，两眼仰望天空，一心要感化四方。此曲非文王莫属，不知对否？还请老师指教。"

师襄子脸上浮起了微笑，激动地说："你说得很对，我的老师讲过，这首曲子的名字就叫'文王操'。你勤学苦练才能达到如此境界啊！"

小故事大道理

盲目地勤奋就好比老牛拉车——蛮力，不懂得纵横知识的脉络，只是"不求甚解"地死读书，到头来将是空忙活一场。勤奋是建立在刻苦钻研的基础之上的，学精、学透，才会学有所成。

一步改变一生

◇佚名

> 有志者,事竟成,破釜沉舟,百二秦关终属楚;苦心人,天不负,卧薪尝胆,三千越甲可吞吴。
> ——蒲松龄

20世纪90年代,有一天,黄土高原的一个偏僻小山村来了一辆白色的小轿车。对这个小山村来说,这可是一件新鲜事。村里的男女老少都走出家门,围着这辆小轿车,想知道个究竟。从车上下来的几个人中,有一个留短发、身着灰色夹克的中年男子问大家:"你们想不想去拍电影?谁想去拍电影就站出来报个名。"

虽然村民都看过电影,但是对电影知道的不多,更别说拍电影。到哪里去拍?怎么拍?好多村民向周围的人询问或者自言自语。

那位中年人一连问了几遍,村里一时没有人搭腔。这时一个十几岁的小女孩向前迈出一步,站了出来说:"我想去拍。"小女孩长得并不很漂亮,单眼皮,小眼睛,脸蛋红扑扑的,透出一股山里孩子特有的倔强和淳朴。

"你会唱歌吗?"中年男子问。

"会。"女孩大大方方地回答。

"那你现在就唱一个给我们听听。"

"唱就唱。"女孩毫无惧色。她一边唱一边跳:"我们的祖国是花园,花园里花朵真鲜艳。"村民们大笑,因为她的歌的确不怎么好听,不但跑了调,而且唱到一半还忘了词。

没想到中年男子却说:"好,就是你了。"

这个中年男子就是大名鼎鼎的电影导演张艺谋,而那个勇敢向前一步的女孩,就是在电影《一个都不能少》中出任主角的魏敏芝。

小故事大道理

机会稍纵即逝,当大家都犹豫的时候,要敢于第一个站出来,勇气的力量足以改变一个人的一生。这个站出来的时机如果你把握住了,或许你的未来就是一片光明,文中的那个小女孩就是一个最好的证明。

微笑，并保持微笑 ◇佚名

[每天早上醒来时，我们可以有两个简单的选择，回头去睡，继续做梦，或者起身去追逐梦想，选择权在你手上。
——佚名]

在美国纽约附近的一个小镇上，居住着一个十三岁的少年，他的意志使他短暂的生命显得有几分悲壮。他很有运动天赋，足球、篮球样样精通，而且在中学时他就成为学校足球队的主力队员。不幸的是，没多久他就大病了一场，他的腿瘸了，并迅速恶化成癌症，之后他不得不接受了截肢手术。

所有的朋友都为他感到难过。但他并没有因为再也不能踢球而变得郁郁寡欢。当他拄着拐杖回到学校时，高兴地告诉他的朋友们，他会装上一条木头做的腿，到时候，他可以把袜子用图钉固定在腿上。朋友们被他的开朗和乐观感动了，大家围绕在他的身旁，说说笑笑。

他的生活并没有因为失去了一条腿而变得不同。

转眼间，又进入了足球赛季。他找到了教练，尽管他不能踢球了，但他希望能够留在校队。他申请担任校队的管理员，帮队友们准备饮料、收衣服，为教练准备训练用的沙盘模型。他的请求获得了教练的批准。接下来的日子里，他每天准时到达球场，将一切准备活动打理得井井有条，所有的队员都被他的毅力感染了。可是，有一天，当队员们到达训练场的时候，他没有来。队员们都十分着急，不知道他发生了什么事。后来听说，那一天，他的癌细胞再次扩散，而他只有不到两个月的生命了。他的父母决定对他隐瞒这件事。而这个坚强的男孩，也像父母希望的那样，仍然乐观地生活着。他又回到了球场上，用笑容激励每一位队友。在他的鼓励下，队友们发挥良好，保持着全胜的纪录。他们举行了庆功宴会，并准备了一个由全体队员签名的足球送给他，可是，他却再次入院了。

　　几周后，他出院了，脸色苍白憔悴，可是笑容依旧。他来到教练的办公室，看到了所有的队友。教练轻声责怪他不该缺席宴会。他笑笑说："对不起，教练，我正在节食。"他接过了队友送给他

的那个代表着胜利的足球，和大家分享着胜利的喜悦。和队友们道别时，他坚定地说："别担心我，我永远和你们在一起。"

一周后，他去世了。其实他早就知道自己的病情，但是他并没有被病魔打败。他坦然地面对疾病，在最坏的处境中保持着自己令人振奋的精神。

小故事大道理

乐观的心态不仅能让自己始终都身心愉悦，同时也会把快乐的情绪传递给其他人。

坚强地走向明天
◇佚名

> 时间就像流水。你永远无法触摸同样的流水两次，因为已经流逝的流水不会再来，享受生命的每个当下！
> ——佚名

李忠友是长江师范学院的一名大学生。几年前，为了让他能够在县城上学，父母也来到县城卖烤红薯，供他上学。这样，一家人虽然收入不高，但是父母却充满着希望：儿子学习刻苦，只要他能考上大学，哪怕再苦再累也要把他供出去。谁知道，不久，厄运降临到了这个幸福的家庭。

一天上午，李忠友的妈妈觉得腰部疼痛，到当地医院检查，没能确诊。随后，她到另外一家大医院检查，发现是胆囊癌及其他重症。

得知这一消息，李忠友感到天快塌下来了，伤心绝望地痛哭起来。哭过之后，他想：自己伤心绝望是没有用的，只有坚强起来，尽快想办法为妈妈治病才行啊！

于是他镇定下来，心里有了一个重大的决定。他对父亲说："妈妈的病情尽管很严重，但无论如何也要给她动手术……我决定不上学了，出去打工，为妈妈筹集手术费！"他的想法遭到了父母

的反对。父亲说:"治病的钱不用你操心,你好好读你的书!"后来,李忠友的父亲筹借了三万多元的费用,给他母亲做了手术。

这年6月,李忠友参加了高考,结果被长江师范学院录取。拿到录取通知书时,一家人难得地高兴起来。但是,这时又一个打击袭来:他母亲治病后在农村合作医疗报销的八千多元钱,在7月末他们搬家的过程中丢失了。这笔钱,可是父母暂缓还债准备给他上大学的呀!这个打击简直太残酷了,李忠友欲哭无泪。但是,当他看到病情恶化的母亲和憔悴的父亲比他还难过时,便安慰他们:"钱丢了没关系,我上学可以贷款,以后再慢慢还。"

之后不久,他一直担心的一天还是来了——母亲病情恶化,走到了生命的尽头。

尽管他知道,母亲总会有这么一天,但他还是悲痛欲绝。在准备安葬母亲的这几天里,他一直守在母亲灵前,脑中不停闪现母亲生前操劳的影子。"如果不是为了攒钱让我上学,如果母亲的病能

及早医治，她就不会还不到五十岁就离开我们……"

埋葬了母亲后，李忠友提醒自己要面对现实，要变得坚强，不能让悲痛压倒。他看着长江师范学院的录取通知书，泪水又忍不住流了下来。他自言自语道："我不能一味地被母亲去世所影响，生活不仅属于我与母亲，还属于我与其他人……"他暗暗发誓："我一定要走出悲伤，好好学习，以安慰母亲的在天之灵……"

就这样，他最终走进了大学的殿堂。

小故事大道理

阳光总在风雨后，坚强就是顶受风雨的力量，要知道没有不能跨越的障碍，只要敢于面对现实，毫不气馁，坚持到最后，那么对你而言，明天、后天、未来都将是明媚的艳阳天。

慈善的不是钱,是心

◇佚名

> 别让某人成为你生命中的优先,当你只是他们生命中的一个选择时。人与人之间的关系只有在彼此达到平衡时,运作得最恰当。
>
> ——佚名

2007年2月16日,刚刚卸任的联合国秘书长安南,在得克萨斯州的一个庄园里举行了一场慈善晚宴,旨在为非洲贫困儿童募捐。应邀参加晚宴的都是富商和社会名流。在晚宴将要开始的时候,一位老妇人领着一个小女孩来到了庄园的入口处,小女孩手里捧着一个看上去很精致的瓷罐。

守在庄园入口处的保安安东尼拦住了这一老一小。"欢迎你们,请出示请柬!谢谢。"安东尼说。

"请柬?对不起,我们没有得到邀请,是她要来,我陪她来的。"老妇人抚摸着小女孩的头对安东尼说。

"很抱歉,除了工作人员,没有请柬的人不能进去。"安东尼说。

"为什么,这里不是举行慈善晚宴吗,我们是来表示我们的心意的,难道不可以吗?"老妇人的表情很严肃,"可爱的小露西从电视上知道了这里要为非洲的孩子们举行慈善活动,她很想为那些可怜的孩子做点事,决定把自己储钱罐里所有的钱都拿出来。我可以不进去,真的不能让她进去吗?"

"是的,这里将要举行一场慈善晚宴,应邀参加的都是很重要的人士。他们将为非洲的孩子慷慨解囊。很高兴你们带着爱心来到这里,但是,我想这场合不适合你们进去。"安东尼解释说。

"叔叔,慈善的不是钱,是心,对吗?"一直没有说话的小女孩露西问安东尼。她的话让安东尼愣住了。

"我知道受到邀请的人有很多钱,他们会拿出很多钱。我没有那么多,但这是我所有的钱啊。如果我真的不能进去,请帮我把这个带进去吧!"小女孩露西说完,将手中的储钱罐递给了安东尼。

安东尼不知道是接还是不接。正在他不知所措的时候,突然有人说:"不用了,孩子。你说得对,慈善的不是钱,是心。你可以进去,所有有爱心的人都可以进去。"说话的是一位老先生,他面带微笑,站在小露西身旁。他躬身和小露西交谈了几句,然后直起身来,拿出一份请柬递给安东尼:"我可以带她进去吗?"

安东尼接过请柬,打开一看,忙向老头敬了个礼:"当然可以了,沃伦·巴菲特先生。"

当天慈善晚宴的主角不是倡议者安南,不是捐出300万美元的

巴菲特，也不是捐出800万美元的比尔·盖茨，而是仅仅捐出30美元零25美分的小露西，她赢得了最多、最热烈的掌声。而晚宴的主题标语也变成了这样一句话："慈善的不是钱，是心。"

第二天，美国各大媒体纷纷以这句话作为标题，报道了这次慈善晚宴。

看到报道后，许多普普通通的美国人纷纷表示要为非洲那些贫穷的孩子捐赠。

小故事大道理

慈善是爱的表达，慈善是不能用金钱定位的，同样爱也是没有价格的。只要你有一颗爱心，捐赠多少钱那也只是一个数字而已。不是说只有有钱才可以做慈善，心怀善意，你就是一个伟大的慈善家。

瞎子的秘方

◇佚名

> 有希望就会有动力,只要坚持不懈,黑暗过去,迎接的就是无限光明。
>
> ——佚名

　　镇上有一老一小两个相依为命的盲人,人们管老的叫三叔,管小的叫山子。他们每日靠弹琴卖艺维持生活。

　　一天,三叔终于支撑不住病倒了。他自知不久将离开人世,便把山子叫到床头,紧紧地拉着他的手,吃力地说:"孩子,我这里有个秘方,这个秘方可以使你重见光明。我把它藏在琴里面了,但你千万要记住,你必须在弹断第一千根琴弦的时候才能把它取出来,否则你是不会看见光明的。"山子流着眼泪答应了师父。不久,三叔含笑离开人世。

　　一天又一天,一年又一年,山子用心记着师父的遗嘱,不停地弹啊弹,将一根根弹断的琴弦收藏着。当他弹断第一千根琴弦的时候,当年那个弱不禁风的少年已到垂暮之年,变成一位饱经沧桑的老者。他按捺不住内心的喜悦,双手颤抖着,慢慢地打开琴盒,取出秘方。

然而,别人告诉他,那是一张白纸,上面什么都没有。

泪水滴落在纸上,山子笑了。

其实就在得知那是一张白纸的一瞬间,山子突然明白了三叔的用意:虽然三叔留下的是一张白纸,但却是一个没有写字的秘方,一个难以窃取的秘方。只有他,从小到老弹断一千根琴弦后,才能悟出这无字秘方的真谛。

那秘方是希望之光,是在漫漫无边的黑暗摸索与苦难煎熬中,三叔为他点燃的一盏希望的灯。倘若没有它,山子或许早就会被黑暗吞没,或许早已在苦难中倒下。

就是因为有这么一盏希望的灯支撑着,他才坚持弹断了一千根琴弦。他渴望见到光明,并坚定不移地相信,黑暗不是永远,只要永不放弃努力,黑暗过去,就会是无限光明。

小故事大道理

一个失去了希望的人,会慢慢变成一个行尸走肉,对他们来说,是无所谓生,无所谓死的。若想生存于世,就要带有希望。不必苦苦冥思什么是生存的意义,因为生存的意义就在于:带着希望去征服梦想。

我要去埃及

◇佚名

> 每个人的心中都有美好的梦想，只有选择坚持，你的梦想才能实现。
>
> ——佚名

我记得小学六年级的时候，在一次考试中，我考了第一名。

老师送给我一本世界地图册，我非常高兴，跑回家就开始看这本地图册。那天轮到我为家人烧水，我就一边烧水，一边在灶旁看地图。我觉得埃及很好，埃及有金字塔，有埃及艳后，有尼罗河，有法老王，有很多很多神秘的东西。那时我就想："长大以后如果有机会，我一定要去埃及。"

正当我看得入神的时候，突然有一个人冲出来，用很大的声音对我说："你在干什么？"

我抬头一看，原来是爸爸。我说："我在看地图。"

爸爸很生气，说："火都熄了，看什么地图！"

我说："我在看埃及的地图。"

我爸爸走过来"啪、啪"给我两个耳光，然后说："赶快生火！看什么埃及地图！"接着，他严肃地对我说："我向你保证，

你这辈子不可能到那么遥远的地方!"

我当时看着爸爸,呆住了,心想:"爸爸怎么给我这么奇怪的保证,这是真的吗?我这一生真的不可能去埃及吗?"

从那一刻起,我暗自下定决心,以后我一定要去埃及。

二十年后,我第一次出国就计划去埃及。我的朋友都问我到埃及干什么,因为那时候还没有开放观光,出国是很难的。我说:"因为我的生命不需要保证。"于是我就自己跑到埃及去旅行。

有一天,我坐在金字塔前面的台阶上,买了张明信片写信给我爸爸。我写道:"亲爱的爸爸: 我现在在埃及的金字塔前面给您写信,记得小时候您打过我两个耳光,保证我不能到这么远的地方来,可是现在我就坐在这里给您写信。" 我写的时候感触非常深。

后来我听说爸爸收到明信片时,对我妈妈说:"哦!这是哪一次打的,怎么那么有效?一巴掌就打到埃及去了。"

小故事大道理

小孩子对于梦想往往是很固执的,无论那梦想是多么不切实际,他们都不愿放弃。但随着年龄的增长,孩子们的执著会慢慢淡化,最后被世俗所埋没。而那些坚持自己的梦想并将之实现的孩子,都为自己创造了童话。

阅读反馈

_____学校 ___年级___班级 姓名_____指导教师_____

一、选择题

1.《抬头去欣赏星星》这则故事，告诉我们在遇到困难的时候应该怎么办？（　　）

  A.痛快地哭一场　　　B.找个人聊聊天

  C.发现生活中的美　　D.什么也不想

2.在《自不量力》中，为什么汤姆会输得那么惨？（　　）

  A.因为他身体不好　　B.因为他弃权了

  C.因为他的对手故意想置他于死地

  D.因为他太过于自负了

3.在《钢铁究竟是怎样炼成的》中，保尔的原型是谁？（　　）

  A.奥斯特洛夫斯基　　B.卢尔卡尔斯基

  C.车尔尼雪夫斯基　　D.柴可夫斯基

4.在《三只小猪》中，最后做了大明星的是谁？（　　）

  A.猪大姐　　B.猪二姐　　C.猪小妹　　D.都被选上了

5.在《另一种教育》中，什么原因导致小男孩改变了？（　　）

  A.因为爸爸给他买了香蕉

  B.因为小男孩的奶奶老了

  C.因为爸爸的所作所为触动了孩子

  D.因为爸爸教育了小男孩

6.在《等待失明的比尔》中，比尔的心态是怎样的？（　　）

  A.悲观　　B.乐观　　C.痛苦　　D.绝望

二、简答题

7.在《没有底的木桶》中,为什么国王选他的二儿子做继承人?

8.读了《得与失》这则小故事,你认为得和失哪个更重要呢?

9.在《真正的人才不怕竞争》中,为什么最后一心大师没有走呢?

10.《纸和纸篓》的故事说明了什么?